거짓 성장론의 종말

거짓
성장론의
종말

2008-2013, 대한민국 벼랑 끝 경제 리포트

송기균 지음

21세기북스

MB정부와 정반대의 경제정책을 펼 주인공은 누구일까?

경제대통령이란 구호를 내세워 권력을 잡는 데 성공한 MB정권의 경제성적은 몇 점이나 될까?

평소 만나는 사람들의 이야기를 토대로 판단한다면 역대 정권 중 최악의 점수를 받을 것이 틀림없다. 서민들은 살기 어려워졌고, 청년들은 학자금 대출과 청년실업에 짓눌리고, 자영업자는 줄줄이 문을 닫고, 베이비 붐 세대의 노후는 불안하다. 어느 하나 향후 나아질 기미는 보이지 않는데 나랏빚은 폭증하고 있다. 이런 암울한 경제 현실에서 고통받는 국민은 전 과목 F 학점을 주는 데 한 치의 망설임도 없을 것이다.

그런데 국민은 왜 5년 전 이런 MB정부에 권력을 쥐여 줬을까? 노무현 정부의 경제성적이 기대에 못 미친 데 실망했던 것이 가장 큰 이유였을 것이다. 서민들의 삶이 기대했던 만큼 나아지지 않았고 양극화의 골은 더 깊어졌기에 그들은 실망했고 권력을 바꾸었다.

노무현 정부에서는 왜 서민의 살림살이가 기대만큼 좋아지지 않았을까? 그 대답의 열쇠는 경제정책에 있었다. 노무현 정부의 경제정책을 하나하나 뜯어보았더라면, 어떤 정책이 서민의 살림살이를 좋아지게 했고 어떤 정책이 양극화의 골이 깊어지게 했는지 알 수 있었을 것이다. 만약 그랬다면 MB정부에 권력을 내주는 것이 과연 옳은 선택인지 판단할 수 있었을 것이다.

지금 우리는 또 한 번 중요한 선택의 기로에 서 있다. 대통령 후보들은 모두 서민의 살림살이를 풍족하게 해주겠다고 큰소리를 친다. 그러나 중요한 것은 구호가 아니라 그 안에 담을 내용물이다. MB가 '경제 대통령'이란 구호를 내세워 권력을 잡는 데 성공하자마자 시행한 경제정책들이 서민을 고통의 구렁텅이로 밀어 넣은 일은 아직도 진행형이니까 말이다.

MB정부의 경제정책 중에서 무엇이 잘못됐기에 대다수 국민의 소득이 감소하고 살림살이가 나빠졌을까? MB정부가 입만 열면 쏟아내고 주요 신문과 방송이 도배하다시피 하고 있는 변명, "금융위기가 닥쳤기 때문에 온갖 노력을 기울였음에도 지금과 같은 최악의 경제 현실이 초래될 수밖에 없었다"는 말이 사실일까?

국민의 소득과 살림살이에 큰 영향을 미치는 것은 경제정책이다. 세금과 재정정책, 금리와 통화정책 그리고 환율정책을 통해 MB정부는 끊임없이 서민들의 지갑을 강탈했고 거기서 빼낸 돈을 재벌과 부자의 금고에 넣어줬다. 환율정책 하나만으로 서민의 주머니에서 빠져나간 돈이 무려 279조 원이다. 4인 가족 한 가구당 2,232만 원이라는 어마어마한 금액이다.

MB정부가 강탈한 서민의 지갑을 다시 채워줄 주인공은 누구일까? "MB정부와 정반대의 경제정책을 펼 주인공을 찾으면 된다"고 쉽게 말하는 사람도 있을 것이다. 때론 복잡한 전략보다 단순한 원칙이 더 힘을 발휘할 때가 있는 법이다. MB정부와 정반대로 행동할 사람을 지도자로 선택한다는 단순한 원칙이 명쾌한 해답이 될 수 있다. 그러면 어떤 경제정책을 어떻게 실행해야 MB정부와 정반대의 정책이 될까?

이 책은 그 질문에 대한 대답이다. MB정부가 실행한 경제정책들이 서민들의 살림살이에 어떤 영향을 미쳤는지 분석하고 평가함으로써 다음 정부가 택해야 할 경제정책이 무엇인지 알 수 있다.

나는 MB정부 출범 1년이 지난 2009년 4월부터 중요한 경제이슈가 등장할 때마다 그에 대한 글을 여러 언론매체에 발표했다. MB정부가 중요한 경제정책을 발표하고 집행할 때도 그것의 문제점과 경제적 효과를 예측하고, 한발 더 나아가 그에 대한 대안을 제시했다. 이 책은 그 글들을 모은 것이다.

MB정부 출범 7개월 만에 터진 금융위기를 극복한다며 펼친 정책, 국민소득에 가장 큰 영향을 미치는 성장정책 및 재정정책 그리고 MB정부 5년 내내 모든 국민에게 극심한 고통을 안겨준 물가 관리와 관련한 정책들을 분석하고 평가했다. 주식과 부동산 시장도 대다수 국민의 경제적 풍요에 큰 영향을 미치므로 이에 관한 정책도 빼놓을 수 없다. 이뿐만이 아니다. 2012년 들어 한국 경제 최대의 위험요소로 부상한 가계부채 문제는 향후 수년간 아주 큰 영향을 미칠 것이다. 이 다섯 분야에 관한 정책을 분석하고 평가해보면 왜 서민 경제가 이토록 나빠졌는지에 대한 명확한 답을 알 수 있다.

MB정부의 잘못된 경제정책들로 지금 한국 경제는 심각한 위기에 직면했다. 그 위기를 해결하는 것은 다음 정부의 몫이다. 다음 정부가 위기 해결을 위해 어떤 정책을 펴느냐에 따라 한국 경제의 미래가 크게 달라질 것이다. 한국 경제가 직면한 위기의 본질이 무엇인지, 위기 해결을 위해 다음 정부가 어떤 경제정책을 펴야 하는지에 대해 다섯 분야로 나누어 각 파트의 맨 뒤에 정리했다.

칼럼이란 본디 압축한 글이다. 그러므로 칼럼을 모아 책으로 펴낼 경우 몇 가지를 보완해야만 독자들의 불편을 줄일 수 있다. 주제별로 글을 묶은 다음 각 글이 하나의 흐름으로 이어지도록 다듬고, 앞뒤 글과의 맥락이 연결되도록 살을 덧붙이거나 반복되는 내용을 덜어내고, 독자의 이해를 돕기 위해 글을 쓸 당시의 경제 상황을 자세히 설명하는 일 등이 이 책을 내기 위해 했던 일이다.

이 책을 통해 MB정부의 경제정책이 지금의 고통스러운 현실을 초래했다는 사실을 깨닫고 나면, 누가 MB정부와 가장 반대되는 경제정책을 펼 주인공인지 알 수 있을 것이다.

더 큰 바람도 있다. 독자들은 이 책을 통해 다음 정부가 펼칠 경제정책에 대한 선행학습을 마칠 것이다. 그러므로 다음 정부에서도 서민의 주머니에서 돈을 꺼내 부자와 재벌의 금고에 넣어주는 정책이 거론될 때면 즉시 큰소리로 "반대!"를 외치게 되기를 간절히 바란다.

2012년 10월
지은이 송기균

Contents

프롤로그   MB정부와 정반대의 경제정책을 펼 주인공은 누구일까? · 4

PART 1 미래를 담보로 한 파티, 금융위기 대응책

강남 아파트 가격이 상승하는 이유 · 16

버블을 키운 것은 대출이다 · 20

'빚내서 투자하기'를 권하는 MB정부 · 24

돈을 아무리 풀어도 실물경제로 가지 않는다 · 27

통화정책 결정에서 자산가격이 중요한 고려요소다 · 31

금융위기, 아직 시작되지 않았다 · 35

경제에 공짜 점심은 없다 · 40

'한국판 서브프라임 사태' 경고등이 켜졌다 · 44

금융위기 벗어났나? · 48

다음 정부의 과제 금융위기의 충격을 줄이기 위한 경제정책은? · 52

PART 2 거짓 성장론의 결말, 서민경제 침체와 재정적자

가계소득, 어떻게 변했나? · 58

경제성장률은 높은데 서민 경제는 어려워지는 이유 · 62

MB 성장정책을 이끄는 쌍두마차, 재정적자와 자산버블 · 67

고환율정책이 경제성장에도 기여 못 한다 · 69

내수침체, 위험수위를 넘었다 · 72

경제성장 둔화의 원인과 해법 · 76

예고된 재앙, 소비 빙하기 · 80

자영업 왜 어려운가? · 83

MB정부의 자영업 지원정책 · 87

사실상 국가부채 1,637조 원 · 90

재정적자에 기댄 최고 성장률 · 93

청년 일자리 창출에 올인하자 · 96

다음 정부의 과제 가계소득 증대를 위한 경제정책 방향은? · 100

PART 3 물가 상승의 주범, 저금리·고환율정책

한국의 물가 불안, 선진국 중 최악 · 106

IMF의 강력한 금리 인상 권고 · 111

물가와 전쟁, 말이 아닌 행동으로 · 115

중국 전격 금리 인상, 한국은? · 118

물가 불안은 정부책임이 아니다? · 121

"문제는 물가야, 바보야!" · 126

IMF, 금리 인상·원화 절상하라 · 129

물가 낮출 방안을 공모하겠다니 · 132

환율 폭등, 계속될까? · 136

정부의 불안한 환율정책 · 139

역대 최악의 고물가 정권 · 142

말로는 물가안정, 행동은 투기자금 유치 · 145

다음 정부의 과제 물가안정을 위한 경제정책은? · 148

PART 4 한국판 서브프라임 사태의 잉태, 주식·부동산정책

부동산 버블 붕괴 시작되나? · 154

환율을 알면 주가가 보인다 · 157

부동산 버블 붕괴와 고환율정책 · 161

강남 아파트는 다르다? · 165

DTI완화로 아파트 가격이 상승할까? · 169

전셋값 상승의 진짜 이유 · 173

자산가격에 거품이 없다고? · 176

인플레이션이 오면 부동산가격이 오를까? · 179

주가, 왜 폭락했을까? · 182

아파트 가격은 오를까? · 186

누가 '핫머니 놀이터'를 만들었나? · 190

국민연금의 주가 떠받치기 · 194

투기장에서의 합리적 투자결정 · 198

대주주와 외국인의 배만 불린 고환율정책 · 201

저축은행 몰락과 디레버리징 · 205

스무 번의 부동산 부양책이 남긴 것 · 208

다음 정부의 과제 부동산과 주식시장의 바람직한 정책은? · 211

PART 5 벼랑 끝 한국 경제, 가계부채 문제

빚잔치 즐기는 한국 경제 · 218

금리 인상이 버블을 막는 최선책 · 222

말로는 가계부채 관리, 행동은 DTI 완화 · 225

가계부채, 위험수위 넘었다 · 228

가계부채, 연착륙 가능할까? · 231

고환율정책이 가계부채 문제를 키웠다 · 234

은행예금 두 달째 감소의 시사점 · 237

'부채경제학'과 한국의 가계부채 · 240

스페인 위기가 시사하는 점 · 243

'제2의 스페인'이 되지 않으려면 · 246

하우스 푸어와 은행의 탐욕 · 249

은행 증자 서둘러야 · 253

가계부채 문제, 탈출구는 없는가? · 257

다음 정부의 과제 가계부채의 충격 완화를 위한 경제정책은? · 261

에필로그 누군가 손해를 감수해야 대다수의 고통이 줄어든다 · 265

PART 1

미래를 담보로 한 파티,
금융위기 대응책

MB정부가 경제실적을 자랑할 때 항상 처음 내세우는 말이 "금융위기를 잘 극복했다"는 것이다. '잘 극복했다'는 말은 다른 국가들보다 먼저 금융위기에서 벗어났고, 금융위기 탓으로 경제 주체들이 받아야 할 고통이 덜했다는 의미가 포함돼 있다.

이것이 사실일까? 그렇다면 MB정부의 경제성적은 최소한 한 과목에서는 A 학점을 받을 자격이 있다.

'금융위기 극복'이라는 MB정부의 자체평가가 나오기 훨씬 전인 2009년 4월 나는 칼럼에서 이렇게 말했다. "한국에서 금융위기는 발생하지 않았다." 금융위기가 발생하지 않았으니 극복하고 자시고 할 것도 없었다.

반론을 제기하려는 MB정부와 보수언론들에 나는 묻는다. "금융위기를 극복했다면 더는 금융위기를 걱정하지 않아도 될 터인데, 과연 그런가?" 2009년 4월 제기했던 이 질문에 대한 대답이 2012년 초부터 들려오고 있다. 모든 언론이 입을 모아 '한국의 제2 스페인화' 혹은 '한국판 서브프라임 사태'를 우려하고 있다.

혹시 이런 주장을 하는 사람도 있을 것이다. "금융위기를 극복했든 아니면 아직 오지 않았든, 다른 국가들은 금융위기로 고통받는데 한국은 상대적으로 고통이 적었으니 이것만 해도 정부가 경제를 잘 운영한 것 아니냐?"

왜 한국은 미국이나 유럽국가들과 달리 2009년에 금융위기를 겪지 않았을까? 그것이 정부정책과 관련 있을까? 그렇다면 정부정책을 어떻게 평가해야 할까? 이보다 더 중요한 질문이 있다. 2012년 10월 현재 한국은 금융위기를 향해 한 발씩 다가서고 있는가?

나는 이 모든 질문에 대한 대답을 2009년 4월 칼럼을 통해 들려줬고, 이후에도 거듭 상기시키곤 했다. 금융위기의 원인과 전개과정에 대해 단순하면서도 명쾌하게 설명하고, 그것에 미리 대처하는 방법까지 제시했다. 나의 권고와 경고를 MB정부는 철저히 무시했고, 그 결과가 3년이 지난 2012년 우리 앞에 무시무시한 얼굴로 나타나고 있다.

강남 아파트 가격이
상승하는 이유

:

"강남 4구 재건축은 지난 2월 이후 3.3㎡당 3,000만 원대를 회복했다. 재건축 상승에 힘입어 강남권은 2008년 이후 하락했던 가격을 90% 이상 회복했다."

2009년 4월 13일 자 《한겨레신문》 기사 내용이다. 금융위기가 전 세계를 강타한 2008년 4분기 급락했던 아파트 가격이 서울의 강남을 필두로 강한 회복세를 보이고 있다. 주식시장은 부동산보다 더 뜨겁다. 3월 2일 이후 40여 일 만에 코스피는 30% 이상 급등했다. 부동산과 주식시장만 보면 글로벌 금융위기에서 힘차게 벗어나는 모습이다.

글로벌 금융위기의 진원지인 미국의 상황은 어떨까? 미국 부동산 가격은 여전히 급락하고 있다. 2006년 5월 이후 2008년 말까지 27%나 하락했던 20대 도시의 집값은 2009년 들어서도 3월 말까지 5% 더 하락했다.

미국의 집값은 무섭게 하락하고 있는데 한국은 강한 상승세를 보

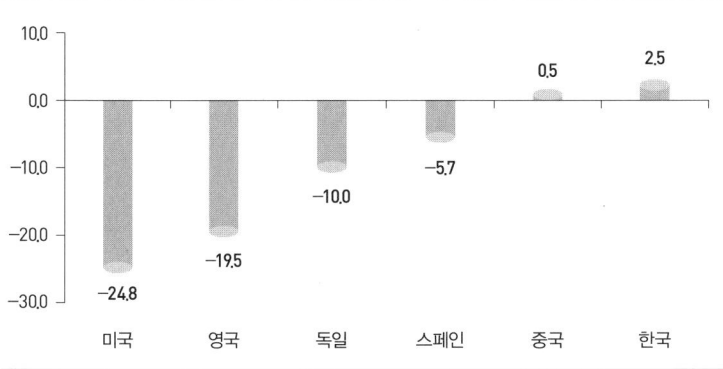

비교 기간: 2007년 말 ~ 2009년 5월
자료: 한겨레신문

이는 이유가 무엇일까?

일반적으로 부동산이든 주식이든 자산가격은 실물경제와 밀접하게 연관되어 움직인다. 경제가 좋으면 가계의 소득이 증가하므로 가계는 집과 주식에 대한 투자를 늘린다. 당연히 집과 주식 등 자산가격이 상승한다.

그러면 한국의 집값이 급등하는 것은 경제회복의 결과일까? 물론 그렇지 않다. 한국 경제의 특성을 가장 잘 나타내는 용어로 '소규모 개방경제Small Open Economy'란 말이 있다. 개방경제란 다른 국가의 경제동향에 크게 영향을 받는 경제구조를 말한다. 세계 경제에서 가장 큰 비중을 차지하는 국가는 말할 것도 없이 미국이다. 그러므로 미국의 실물경제가 여전히 침체에 빠져 있는데 한국만 회복하기를 기대하는 것은 우물에서 숭늉을 찾는 것처럼 허망한 일이다.

그러면 한국의 부동산이 미국과 달리 강한 상승세를 보이는 요인은 무엇일까? 주위에서 아파트 가격이 오를 거라고 자신 있게 말하는 사람들이 그 근거로 드는 단골 메뉴가 있다. "시중에 돈이 넘쳐난다. 실물경제가 좋지 않으므로 돈이 실물경제로 가지 않는다. 그 돈이 갈 곳은 부동산과 주식밖에 없다. 그러므로 부동산과 주식은 더 오를 것이다."

그렇다. 한국의 부동산이 다른 국가들과 달리 상승세를 보이는 것은 돈의 힘이다. 시중에 돈이 많이 풀리면 실물경제가 나쁜 상황에서도 부동산과 주식이 오를 수 있다.

어떤 근거로 돈이 많이 풀렸다 하느냐고 따지는 사람도 있을 것이다. 시중에 돈이 얼마나 풀렸는지를 말해주는 지표는 통화량이다. 한국은행이 2009년 4월 9일 발표한 '2월 중 통화 및 유동성 지표 동향'에 의하면, 2009년 2월 중 총통화 혹은 광의의 통화로 불리는 M2가 전년 동월 대비 11.4% 증가했다. 다시 말해 1년 전보다 시중에 풀린 돈이 11.4% 더 늘었다는 이야기다.

시야를 더 확대하면 2006~2008년 3년간 통화량은 어마어마하게 증가했다. 2005년 말 총통화는 1,021조 원이었는데 2009년 2월 말에는 1,470조 원이 됐다. 3년여 만에 44%나 증가했고 증가한 금액이 무려 449조 원에 달한다.

2008년 말 유가증권시장의 시가총액이 577조 원이었다. 주식 시가총액의 78%에 해당하는 돈이 3년 2개월간 시중에 풀렸으니 부동산과 주식의 가격이 실물경제와 괴리되어 오르는 것이다.

이처럼 실물경제와 괴리되어 자산가격이 오르는 상황을 가리키는 용어가 바로 '버블'이다. 미국이 금세기 들어 두 번이나 겪었던 자산가격 버블이 모두 돈이 너무 많이 풀려서 생긴 일이라고 뒤늦은 후회를 하고 있다. 두 번의 자산가격 버블이 두 번의 경제위기를 초래했기 때문이다.

버블의 특징은 그것이 언젠가는 꺼진다는 사실이다. 그러므로 다른 국가들과 달리 한국의 부동산과 주식가격이 급등하는 것이 버블이라는 사실은 매우 우려되는 일이다.

2009. 4. 14 ~ 4. 18, 뷰스앤뉴스

버블을 키운 것은
대출이다

"시중의 단기유동성이 800조 원을 넘어선 것으로 추정된다. 단기유동성이 이처럼 증가한 것은 저금리정책 등으로 시중 유동성이 풍부해졌지만, 대규모 자금이 마땅한 투자처를 찾지 못하고 대기성 자금으로 집중되고 있기 때문이다."

현대경제연구원의 보고서에 나오는 내용이다. 시중 유동성이란 통화량을 말한다. 2005년 말부터 2008년 말까지 3년간 통화량이 404조 원 증가했다. 그 이전 3년간(2003~2005년) 증가한 통화량 150조 원의 2.7배에 달한다.

그런데 경기가 침체되어 가계는 소비를 늘리지 않고 기업은 투자를 늘리지 않으므로 돈이 실물경제로 가지 않는다. 실물경제로 흘러가지 않은 돈은 금융권에서 맴돈다. 이것이 단기유동성, 즉 부동자금 800조 원의 정체다.

돈이란 본질적으로 수익을 추구한다. 이것은 자본주의의 기본 원리다. 부동자금이 많다는 것은 수익을 낼 부문이 없으므로 임시로 대기하는 돈이 많다는 것이다. 어느 한 곳에서 수익의 기회가 보이면 짧은 시간에 그쪽으로 돈이 쏠린다.

때마침 정부에서 부동산에 대한 규제를 풀었다. 돈을 가진 사람들은 수익을 낼 수 있는 청신호로 받아들인다. 부동산으로 일부 부동자금이 흘러가자 부동산가격이 상승한다. 가격이 상승하자 수익에 목말라하던 다른 부동자금이 일시에 몰려든다. 이것이 바로 버블이 형성되고 팽창하는 전형적인 과정이다.

지금 급속히 팽창하고 있는 버블의 주범은 과다한 통화량 증가와 정부의 부동산 규제 완화, 이 두 가지다. 둘 중에서 버블 팽창에 더 크게 기여한 것은 과다한 통화량 증가다. 무서운 사실은 800조 원의 부동자금이 어떻게 생긴 돈이냐는 점이다. 이를 알고 나면 섬뜩한 기분마저 든다.

통화량을 누가 결정하느냐고 물으면 사람들 대다수는 한국은행이라고 대답할 것이다. 한국은행이 통화량 결정에 지대한 영향을 미치는 것은 사실이다. 하지만 한국은행은 통화량 공급의 일부만을 담당한다. 한국은행이 돈을 찍어내 늘린 통화량을 본원통화라고 부른다. 2009년 3월 말 통화량은 1,470조 원이었는데, 그중 본원통화는 66조 원으로 4.5%에 불과했다.

나머지 95.5%의 통화량은 은행이 공급한다. 은행이 어떻게 통화량을 증가시키는가? 그 대답은 고등학교 경제 시간에 배운 통화창출에 있다. 통화창출 이론의 핵심은 간단하다. 은행이 100을 대출하면 통화량이 100만큼 증가한다고 이해하면 핵심을 이해한 것이다.

가령 어떤 사람이 아파트에 투자하기 위해 은행에서 1억 원을 대출받으면 통화량이 1억 원 증가한다. 대출받은 사람의 통장에는 1억 원이 늘었는데 누구의 통장 잔액도 줄어들지 않았기 때문이다. 그래서 은행의 대출을 통화창출이라고 부른다.

2006~2008년 3년간의 총통화 증가와 대출 증가액을 비교해보면 알 수 있다. 2009년 2월 17일 한국은행이 발표한 '2008년 금융기관 대출금 동향'에 의하면, 3년간 금융기관의 대출금 총액은 397조 원 증가했다. 같은 기간 동안 총통화 증가액은 404조 원이다. 대출 증가가 바로 통화량 증가로 이어진다는 사실을 확인할 수 있다.

버블의 주범인 통화량 증가가 대출을 통해 이루어진다는 사실은 무서운 의미를 내포하고 있다. 대출이란 빚이다. 통화량이 증가해서 시중 유동성이 증가한다는 것은 그만큼 빚이 늘어난다는 것을 의미한다.

빚이란 언젠가는 갚아야 할 돈이다. 빌린 돈을 갚기 위해서는 그 돈으로 투자한 자산을 팔아야 한다. 그 결과 자산가격은 하락한다. 그래서 버블은 반드시 꺼지는 것이다.

빚내서 투자한 자산의 가격이 오르는 동안에는 아무 문제가 없다. 투자자는 이익을 누리고 은행은 원금은 물론 이자까지 챙길 수 있으니까 말이다. 문제는 버블로 인한 자산가격 상승이 무한정 계속될 수 없다는 데 있다. 미국의 주택가격이 폭락하고 그에 따라 금융기관의 손실이 눈덩이처럼 불어난 것이 그 사실을 입증한다.

다른 나라들은 버블이 붕괴해서 빚을 줄여가고 있는데 유독 한국

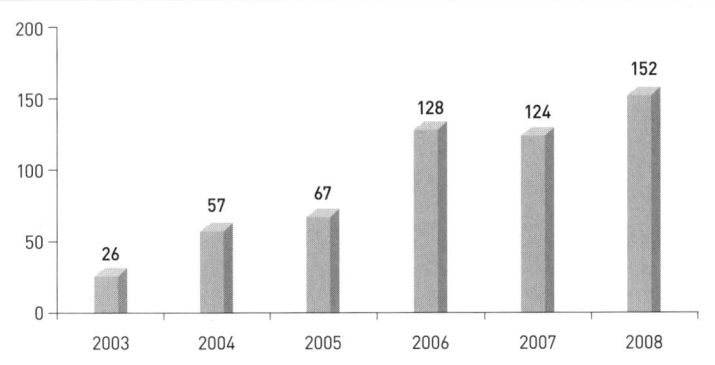

자료: 한국은행

만 빚이 늘어나고 그 결과 버블이 팽창하고 있다. 이 버블을 키운 힘이 빚이기 때문에, 그리고 그 빚은 언젠가는 갚아야 하므로 버블 이후를 예상하는 것이 두려울 정도다.

2009. 4. 20. 뷰스앤뉴스

'빚내서 투자하기'를 권하는 MB정부

.
.
.

2006~2008년 3년간 통화량이 급증해 시중에 천문학적인 금액의 부동자금이 떠돌고 있고, 이것을 자양분 삼아 버블이라는 독버섯이 쑥쑥 자라고 있다. 더 우려되는 것은 정부의 태도다. 이 독버섯을 제거할 생각도 없고 그것이 자라는 서식지를 없앨 의향도 없어 보이기 때문이다. 아니, 오히려 버블을 더 키우는 정책만 추진하고 있다.

"시중에 800조 원의 과잉 유동성이 있는 것은 사실이다. 그것이 위험할 수도 있으므로 예의주시해야 한다. 그러나 통화를 긴축할 때는 아니다. 실업자가 100만 명에 육박하기 때문이다."

윤증현 기획재정부 장관이 2009년 4월 22일 재정부 출입 기자단과의 간담회에서 한 발언의 요지다. 그는 덧붙여 말하기를 "1가구 다주택자 양도세 중과폐지는 정부의 계획대로 통과됐으면 좋겠다"고도 했다.

버블의 위험성이 얼마나 큰지, 그리고 그것이 붕괴했을 때 국가 경제와 국민, 특히 경제력이 취약한 하위계층이 받는 타격이 얼마나 심각한지는 지금 우리 두 눈으로 똑똑히 보고 있다. 미국의 대기업들이 줄줄이 파산하고 실업률이 8.5%로 급등하면서 지난 1년간 추가로 늘어난 실업자 수만 600만 명이 넘는다. 그리고 살던 집이 경매에 넘어가서 길거리로 내쫓긴 사람들이 줄을 잇는 등 미국 국민이 겪고 있는 고통을 다 표현하기에는 지면이 부족할 정도다.

이런 참상의 원인은 서브프라임 버블에 있고, 그 서브프라임 버블이 생겨나고 팽창한 근본 원인은 과다한 통화량 급증이라는 것은 이제 경제 상식이 됐다.

그 나라 국민은 묻는다. 통화량 관리를 책임진 정부와 중앙은행은 도대체 무엇을 했으며, 이런 대참상이 일어날 줄 정말 몰랐던 것인가? 아니면 그 가능성을 알고도 이를 막지 못한 어떤 더 중요한 사정이 있었던 것인가? 미국 정부와 중앙은행의 고위직 인사들은 대답했다. 경제를 살리기 위해서였고, 실업자를 줄이기 위해서는 돈을 풀 수밖에 없었으며, 경제를 살려 실업자 증가를 막는 것이 중요했기 때문에 당시에는 버블 같은 것을 생각할 여유가 없었다고 말이다.

이 대답을 들은 국민은 할 말을 잃었다. 가장 뛰어난 경제 전문가라고 믿었던 그들의 입에서 저런 무책임한 말이 나올 줄 알았겠는가. 그들의 무능력과 무책임을 확인하고 그들에게 국가경영의 권한을 맡겼던 자신들의 부주의를 탓하는 것 외에는 달리 책임을 물을 방도가 없다.

지금 우리 경제에 버블이 상당한 규모로 커지기에, 버블 붕괴에 따른 경제적 충격이 엄청날 것이라고 걱정하는 목소리에 대한 MB정부의 답변도 똑같다. 지금 실업자가 100만 명에 육박하는데 버블 타령이나 하고 있을 정도로 한가하지 않다고 말이다.

금리가 사상 최저인 2%에 머물러 있으므로 사람들은 이자에 대한 부담을 전혀 느끼지 못한다. 더구나 MB정부는 은행들에 대출원금 상환 기간을 연장하도록 독려하고 있다. 대출원금은 갚지 않아도 되고 이자는 사상 최저이므로 사람들이 대출받기를 두려워하지 않는다. 대출받은 돈은 부동산으로 흘러가고 있다. '빚내서 부동산에 투자하기'를 정부가 적극 권유하고 있는 것이다.

MB정부는 한 술 더 뜬다. '1가구 다주택자 양도세 중과를 폐지'해야만 경제가 살아난다며 이를 강력히 추진하고 있다. 강남 3구 투기지역 해제와 분양가 상한제 폐지 등 부동산 투기를 부추기는 정책들도 줄줄이 내놓을 태세다.

버블이라도 키워서 실업자 증가를 막아보겠다는 노력을 눈물겹다고 표현하기에는 버블 붕괴 이후의 참상이 너무나도 눈에 선하다. 지금 우리 두 눈으로 똑똑히 보고 있는 미국의 현실이기에 더 그렇다. 미국이 걸었던 잘못된 길을 우리 정부가 지금 그대로 따라 하고 있으니 답답한 심정을 다 표현하기 어렵다.

MB정부는 버블을 감수하면서까지 통화량을 늘리려는 이유가 실물경제를 살려 실업자를 줄이기 위해서라고 주장한다. 과연 그럴까? 통화량을 늘리면 MB정부가 바라는 대로 실물경제가 살아나긴 할까?

2009. 4. 24. 뷰스앤뉴스

돈을 아무리 풀어도
실물경제로 가지 않는다

:
:
:

"한국은행이 얼마 전에 올해 성장률을 −2.4%로 제시했는데 곧바로 통화환수 얘기를 꺼낼 수 있겠느냐?"

"지금 경기가 상승 기조로 바뀌었다든가 바닥을 찍었다고 보기 어렵다."

《국민일보》의 2009년 4월 21일 자 '과잉 유동성 논란 가열… 정부 내 시각차'라는 기사에서 인용한 금융통화위원 두 명의 말이다. 금융통화위원이란 한국은행 통화정책의 최종 결정권을 쥐고 있는 막강한 사람들이다.

두 위원 말의 뜻은 이렇다. 경제가 상승 기조로 돌아서지 않았기 때문에 통화를 환수하면 안 된다. 그 논리를 한 단계만 더 진전시키면 이런 뜻이 된다. 우리 경제가 하반기에도 살아나지 않으면 돈을 더 풀어서라도 경제를 살리는 것이 우선이다.

돈이 넘쳐서 생기는 문제에 대해 걱정하는 통화 당국의 목소리는 들리지 않는다. 더구나 돈이 풀린다는 것은 경제 주체의 빚이 증가한다는 것과 동의어인데도 말이다. 그래서 걱정이 많이 된다.

금융통화위원들이 말하는 '실물분야로 자금이 더 흘러들어 가야 하는 상황에서 과잉 유동성을 판단하기는 이르다'는 그 판단이 왜 잘못된 것인지, 얼마나 위험한 생각인지를 따져보도록 하자.

두 위원이 말하는 실물분야란 구체적으로 무엇을 가리키는가? 아마 생산부문, 즉 기업으로 돈이 흘러가서 그 돈으로 설비투자를 하고 원재료를 구매해 생산을 더 늘리는 것을 뜻할 것이다. 그러다 보면 틀림없이 고용도 늘어날 것이니까 말이다.

의도는 좋다. 그러나 설사 그 의도대로 된다고 하더라도 그 때문에 발생하는 버블의 부작용은 심각하게 고려해야 한다. 하물며 한국은행의 의도대로 될 가능성이 애당초 없다면 버블이라는 독버섯을 초기에 제거하기 위해 신속하게 부동자금을 환수해야 할 것이다.

돈을 엄청나게 푼다고 해도 금융통화위원들이 말한 대로 돈이 흘러가지도 않을뿐더러 실물경제가 살지도 않는다. 부동산과 주식가격만 치솟아 버블만 엄청나게 키울 것이다. 경제 이론과 경제 현실이 그것을 명백하게 보여준다. 차근차근 짚어보자.

불황이란 무엇인가? 불황 혹은 경기침체의 원인은 여러 가지가 있을 수 있지만 그 현상은 언제나 똑같다. 불황의 현상을 가장 알기 쉽게 표현하자면 장사가 안된다는 말이다. 기업이 물건을 만들 능력은 충분한데 만든 물건이 팔리지 않아서 문제가 생기는 상태를 우리는 불황이라고 부른다. 물건이 팔리지 않으니까 직원을 해고하고, 그러고도 해결이 안 되니까 일부 기업은 부도를 맞고, 은행에는 부실채권이 쌓이는 것이다. 이런 악순환을 총체적으로 표현한 것이 불황이다.

이런 현상이 오는 데는 여러 이유가 있겠지만 대체로 과정은 비슷하다. 경기가 호황일 때 기업은 설비투자를 늘린다. 물건이 잘 팔리고 이익이 많이 늘어나니까 앞으로도 그럴 것으로 판단하고 설비를 크게 늘린다. 그런데 어떤 이유로 소비 혹은 물건에 대한 수요가 줄면 불황이 시작된다. 기업의 생산능력은 100인데, 기업이 만든 물건에 대한 수요는 80이 되는 상태가 바로 불황이라고 부르는 경제현상이다.

그러면 이 불황을 어떻게 해소할까? 두 가지 방법이 있다. 하나는 소비 혹은 물건에 대한 수요를 늘리는 것이다. 그러나 이것은 쉽지 않은 일이다. 특히 지금처럼 버블이 붕괴해 발생한 불황이라면 소비가 늘기를 기대하는 것은 난센스다.

소비가 늘 수 없다면 달리 어떤 방법으로 불황을 끝낼 수 있을까? 불황이 종료되는 다른 과정은 과잉 생산설비를 줄이는 것이다. 100의 생산능력을 80까지 줄여서 현재의 소비수준에 맞추는 것이다. 생산설비가 80이 되면 비로소 소비수준과 맞으므로 더는 경기가 하강하지 않고 그때부터는 정상적인 경제성장이 이루어진다.

이처럼 생산능력을 소비수준까지 하향 조정하는 과정을 일컬어 구조조정이라 부른다. 물론 구조조정은 고통을 수반하는데 가장 큰 고통은 실업이다. 그리고 당연히 소득도 감소한다.

이 두 가지 방법 외에 불황에서 벗어날 방법은 없다. 불황의 역사를 열심히 연구해봐도 다른 뾰족한 방법이 없다. 경제란 것도 결국은 상식선이니까 당연한 얘기다.

그런데 지금 한국은행 혹은 금융통화위원들의 말은 실물분야로 돈이 흘러가도록 돈을 계속 풀겠다는 것이다. 기업이 돈이 부족해서 설비투자를 하지 않는 것이 아닌데도 말이다.

만약 금융통화위원들의 의도대로 돈이 많이 풀려서 기업이 설비투자를 늘린다면 어떻게 될까? 기업이 공장을 또 짓고 기계 설비를 더 구입해 생산능력을 높인다면 당연히 생산능력이 더 과잉될 것이다. 물건에 대한 수요는 80인데 생산능력이 120으로 증가하면 그 결과는 어떻게 될까? 불황의 골이 깊어지고 구조조정의 고통은 더 심해질 것이 뻔하다.

그것을 아주 잘 알기 때문에 기업들이 투자하지 않는 것이다. 기업들은 불황이라는 경제 현상의 근본 문제점을 정확하게 판단하고 투자결정을 하고 있다.

거듭 말하지만 돈을 아무리 많이 풀어도 기업은 투자를 늘리지 않는다. 풀린 돈이 갈 곳은 뻔하다. 어느 곳으로 가야 이익을 낼 수 있을까 예의주시하면서 부동자금으로 남아 있을 것이다. 게다가 지금처럼 정부가 부동산 규제 완화를 강력히 추진하면 돈이 부동산으로 흘러간다는 사실은 유치원생이라도 쉽게 예측할 수 있다.

돈을 풀면 풀수록 부동자금이 늘고 결국 부동산과 주식시장의 버블만 키울 뿐이다. 통화정책을 책임지는 한국은행은 버블 붕괴 후의 경제적 충격을 줄이기 위해서 부동자금 환수에 적극 나서야 한다.

2009. 4. 27. 뷰스앤뉴스

통화정책 결정에서
자산가격이 중요한 고려요소다

:

비이성적 과열irrational exuberance이란 말이 유행했던 적이 있다. 1996년 12월 앨런 그린스펀 전 미연방준비은행(이하 연준) 의장이 공식석상에서 이 용어를 언급한 이후 언론과 경제 전문가들이 즐겨 사용하곤 했다.

"비이성적 과열로 자산가치가 과도하게 팽창하고 있다. 이에 대한 부작용으로 1990년대 일본의 잃어버린 10년과 같은 장기불황이 초래될 가능성도 있다."

다우지수가 6,000선을 상향 돌파하는 등 자산시장이 과열되자 이에 따른 부작용을 예방하기 위해 금리를 계속 인상했다. 하지만 자산가격의 상승이 멈추지 않자 그린스펀이 여기에 대해 직접 경고성 발언을 했던 것이다.

그는 이런 말도 했다.

"통화정책을 결정하는 데 인플레이션뿐만 아니라 자산가격 상승도 함께 고려해야 한다."

우리가 주목해야 할 점은 비이성적 과열이 경기과열을 가리키는 것이 아니라 자산가격의 과다 상승을 지칭한다는 것이다. 그러므로 비이성적 과열이란 달리 말하면 버블을 뜻한다.

자산가격의 과다 상승을 막기 위해 연준은 금리 인상을 단행했다. 경기가 과열상태가 아닌데도 버블의 부작용을 예방하려는 조치였다. 그 부작용이 자칫 일본의 잃어버린 10년과 같은 장기불황일 수도 있다는 그린스펀의 우려가 반영됐다.

이에 대한 경제 전문가들과 언론의 반응은 대단히 긍정적이었다. 버블의 문제점을 미리 파악하고 이에 선제 대응하는 연준의 조치에 전폭적인 신뢰를 보냈다. 비이성적 과열이라는 그린스펀의 발언을 마치 경제학 교과서에 나오는 중요 용어라도 되는 것처럼 모든 사람이 인용하기 시작한 것이 그 신뢰의 표현이었다.

그린스펀이 우려했던 비이성적 과열의 문제점이 표면화한 것이 2000년 벤처버블의 붕괴와 주식시장의 폭락이었다. 주식시장이 폭락하자 연준은 신속하게 금리를 인하하기 시작했다. 2001년 9·11사태가 터지고 주식시장의 폭락이 속도를 더해가자 연준은 더 공격적으로 금리를 인하했다. 2000년 말 6.5%였던 정책금리를 2001년 12월에는 2% 아래로 수직 인하했고, 2003년 6월에는 1%까지 더 낮췄다.

공격적인 금리 인하에 힘입어 미국 경제는 서서히 회복됐다. 미 연준의 선제 금리 인상이 버블의 과다 팽창을 방지했기에 주식버블 붕괴의 후유증도 크지 않았던 것이다.

2003년부터 2년 이상 금리가 사상 최저 수준에 머물자 이번에도 여지없이 버블이라는 괴물이 자라나기 시작했다. 바로 서브프라임 버블이었다.

그러나 이번의 버블 팽창에 대해서는 연준이 아무런 언급을 하지 않았다. 버블이 1996년보다 훨씬 더 무서운 속도로 팽창하는데도 그린스펀의 입에서 비이성적 과열이라는 말은 들을 수 없었다. 연준의 그 누구도 통화정책을 결정하는 데 자산가격을 중요하게 고려해야 한다는 말을 하지 않았다.

금리 인상의 시기도 놓쳤다. 게다가 금리 인상의 속도 역시 지나치게 완만했다. 이미 불붙기 시작한 버블은 완만한 금리 인상을 비웃기라도 하듯 활활 타올랐다. 이전 버블 시기에는 없었던 금융규제 완화가 버블이 타오르는 데 기름을 부었기 때문이기도 했다.

2004년 7월 금리 인상을 시작했는데 2년 후인 2006년 7월이 되어서야 5.25%가 됐다. 그때는 이미 집값이 오를 대로 오른 뒤였다. 연준의 금리정책이 버블 방지에 아무런 역할을 하지 못했던 것이다.

엄청나게 커진 버블이 터지자 80년 만에 최악의 불황이 닥쳤다. 그리고 모든 사람이 연준의 잘못된 판단에 비난을 퍼부었다. 연준으로서는 경기가 회복되지 않았으므로 금리를 신속하게 인상할 수 없었다고 주장할 수도 있다. 그렇다고 해서 1930년 대공황 이후 최악의 불황을 일으킨 책임이 조금이라도 경감되는 것은 아니다. 서브프라임 버블의 발생 원인은 과다한 통화량 때문이었고 그 책임이 통화정책을 책임진 연준에 있다는 것은 명백한 사실이기 때문이다. 그리고 그때까지도 연준의 의장은 앨런 그린스펀이었다.

1996년 비이성적 과열이라는 말로 버블의 위험성을 경고해 경제계

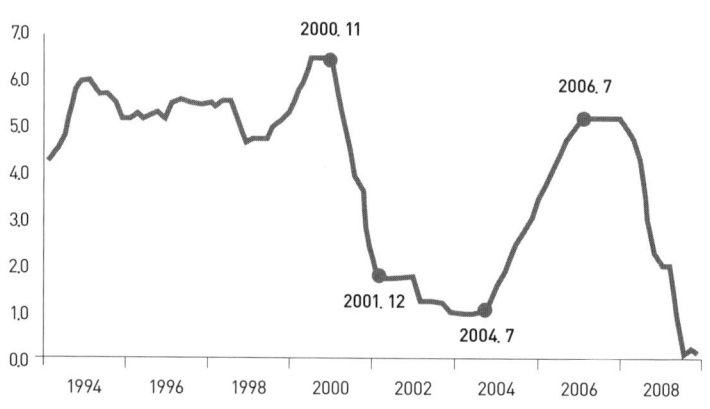

자료: 연방준비제도

뿐만 아니라 일반인들의 입에까지 오르내리는 새로운 경제용어를 유행시킨 그린스펀이, 한순간의 잘못된 판단으로 서브프라임 버블의 주 책임자로 비난받는 것은 아이러니가 아닐 수 없다.

　과다한 시중 유동성으로 말미암은 버블 팽창과 심각한 경기침체 사이에서 고민하는 한국은행이 1996년 그린스펀과 미 연준의 성공 그리고 서브프라임 버블로 인한 실패에서 교훈을 얻기를 바라는 마음이 간절하다.

2009. 5. 6, 뷰스앤뉴스

금융위기,
아직 시작되지 않았다

:

'경기전환기 장기투자 1순위는 주식'

2009년 10월 26일 자 《한겨레신문》의 '전문가 9인 추천 자산배분 전략'의 제목이다. 이 제목을 본 독자들이 가장 먼저 하는 생각은 아마 이런 것일지도 모른다.

'아! 이제 금융위기에서 시작된 경제위기가 끝나고 경기회복기로 접어드는 전환기구나. 그러므로 불황기의 투자전략을 바꿀 때가 됐구나.'

기사의 내용을 읽으면 이런 생각이 더욱 확고해진다. 첫 단락에서부터 속도는 더디지만 경제회복기에 확실하게 진입하는 '경기전환기'라고 아예 단정하고 시작하기 때문이다. 경기가 침체국면을 끝내고 회복기에 확실하게 접어들고 있다면 당연히 주식과 부동산 등 자산에 대한 투자를 늘려야 한다. 하지만 만약 그렇지 않다면? 금융위기가 끝난 것이 아니라면?

중소기업을 경영하는 기업인이거나 자영업을 영위하는 사업자라면 현재의 경기국면에 관한 판단이 더 중요하다. 만약 지금의 경기국면이 금융위기를 극복하고 나서 회복기에 접어든 것이라면 서둘러 투자를 늘려 활황기에 대비해야 하기 때문이다. 그러므로 투자가나 기업인 가릴 것 없이 모든 경제 주체들에게 '과연 한국 경제가 금융위기를 극복했는가?'라는 질문은 대단히 중요하다.

금융위기와 그로 말미암은 경제위기는 과연 끝나가는가? 이에 대한 대답을 찾기 위해서는 먼저 현재 진행형인 글로벌 금융위기와 경제위기의 근본 원인이 무엇인지를 통찰해야 한다.

모두 알고 있듯이 경제위기와 금융위기는 미국의 서브프라임 사태에서 시작됐다. 장기간의 저금리로 인한 과잉 유동성이 서브프라임 버블을 팽창시켰고, 그 버블이 꺼지자 서브프라임 사태가 발생했다. 쉽게 말하면 이렇다. 과다하게 풀린 돈의 힘으로 전 세계 집값이 폭등했다. 폭등하던 집값이 어느 순간 하락세로 돌아서자 사람들이 대출을 갚지 못했고, 은행은 부실채권이 불어나 손실이 급증했다. 손실이 커진 은행이 대출을 중단해야 할 지경에 이르자 금융이 멈추는 사태가 발생했는데 이것이 바로 금융위기다. 금융위기란 경제 주체들이 대출을 받지 못하고 시중에는 돈이 마르는 현상을 가리키는 용어다.

금융위기 발생 직후 미국의 대출 추이를 보면 분명하게 알 수 있다. 미국의 주택담보대출은 2004~2007년간 매년 평균 1조 3,000억 달러씩 증가했는데, 금융위기가 발생한 2008년에는 증가를 멈추더니 2009년에 3,000억 달러 감소했다(2010년과 2011년에도 미국의 주택담보대출은 각각 4,500억 달러와 3,400억 달러 감소했다). 미국의 소비자대출도 비슷한 모습을 보였다. 2001~2007년의 기간 동안 매년 1,000억 달러 이상 증가했는데, 2009년에는 1,100억 달러 감소했다(2010년에는 400억 달러 감소했다).

2009년 이후 미국의 가계대출 잔액이 감소한 것, 이것이 바로 금융위기다. 집값이 폭락하고 실물경제가 침체의 늪에 빠진 것은 금융위기의 결과다. 그 자체를 금융위기라 하는 것은 주객을 혼동한 것이다.

한국의 상황으로 돌아와 보자. 전 세계 부동산가격에 버블이 팽창하던 2000년대 초 이후 한국의 부동산가격도 남부럽지 않게 치솟았다. 폭등의 근본 원인이 과잉 유동성이었다는 점 역시 글로벌 현상과 일치한다.

2003년 3.0%였던 통화 증가율이 2005년과 2006년 각각 7.0%와 12.5%로 껑충 뛰었고, 미국의 서브프라임 사태가 물밑에서 진행되던 2007년에도 10.8%로 두 자릿수를 유지했다.

그러면 2008년 하반기 이후 금융기관이 대출을 중단하고 시중에 돈이 마르는 금융위기가 한국에도 발생했는가? 유동성을 나타내는 지표인 통화 증가율을 보면 전혀 다른 상황이 전개된다.

대출과 시중 유동성이 급감했던 미국과 달리 한국의 통화량은 2008년과 2009년에 각각 12.0%와 9.9% 증가해 고공 행진을 계속했다. 달리 표현하면 미국 등 주요 국가에서 대출과 시중 유동성이 감소하는 금융위기를 겪는 동안에도 한국에서는 금융위기가 일어나지 않은 것이다.

왜 그랬을까? 바로 정부정책 때문이었다. 미국에서 시작된 금융위

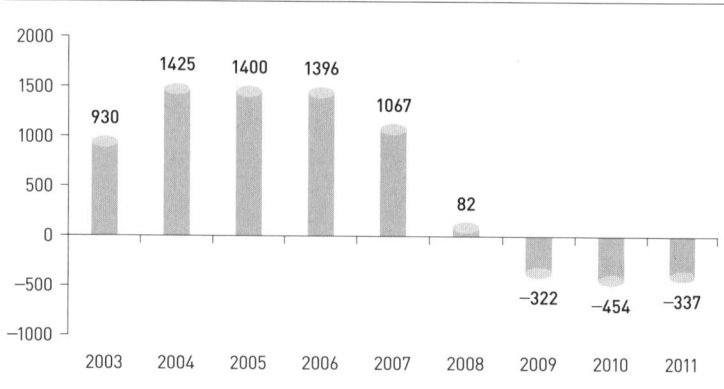

〈그림 1-4〉미국 주택담보대출 증가   단위: 10억 달러

자료: 연방준비제도

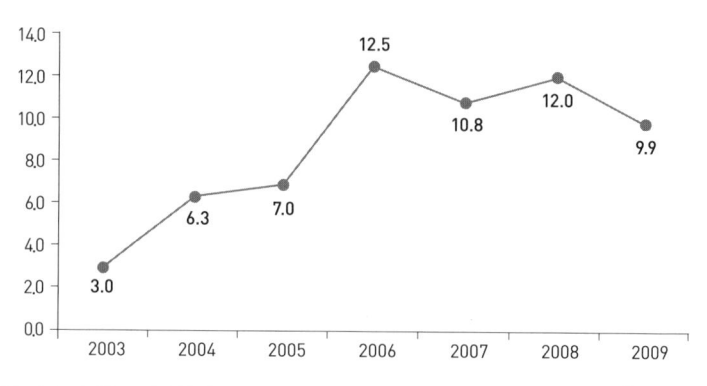

〈그림 1-5〉한국의 총통화 증가율   단위: %

자료: 한국은행

기의 여파가 한국에도 몰려오자 한국 정부는 재빠르게 금리를 사상 최저로 인하하고 금융기관에 공적자금을 투입했다. 은행에는 만기가 도래한 대출을 전액 연장하도록 지도했다. 그러자 대출이 다시 급격

히 증가하기 시작했고, 대출받은 돈들이 주식과 부동산으로 흘러들어 주식과 부동산가격이 급등했다. 한마디로 말하면 대출을 더 늘림으로써 금융위기의 발생을 막은 것이다.

한국 경제에서 위기는 끝난 것이 아니라 아직 시작하지도 않았다. 높은 증가세를 지속하고 있는 유동성과 가계대출이 축소국면으로 돌아설 때 한국 경제의 위기가 시작될 것이다.

2009. 10. 26, 한겨레신문

경제에
공짜 점심은 없다

:

2010년 1월 8일 열린 한국은행 금융통화위원회에 기획재정부 차관이 참석했다. 금융통화위원회에 정부가 참석한 것은 11년 만에 처음 있는 일이다. 그 이유는 혹시라도 있을지 모를 금리 인상 논의를 확실하게 차단하겠다는 의도라고 한다.

국내외 연구기관들은 현재의 경제 상황에 비추어 볼 때 신속하게 금리 인상을 시작해야 한다고 입을 모은다. IMF도 무리한 저금리정책에 대해 경고의 목소리를 내기 시작했다. 금융위기가 발생한 이후 모든 국가에 공격적인 금융 완화정책을 강력히 주문해온 IMF이기에 이는 상당히 이례적인 일이었다.

IMF의 발표 중에서 가장 중요한 것이 「세계 경제전망」 보고서다. 세계 경제에 대한 분석과 더불어 정책권고를 담고 있기 때문이다. 2009년 10월 IMF의 「세계 경제전망」 보고서는 아시아 국가들이 선진국보다 먼저 '출구전략'을 시작해야 하는 이유를 설명하는 데 상당한 지면을 할애하고 있다.

"많은 신흥국은 선진국들보다 먼저 통화 완화정책 철회를 시작해야 한다. 일부 국가들은 자산가격 버블을 예방하기 위해 통화 긴축을 시행함과 동시에 환율을 신속하게 올림으로써 선진국의 과도한 통화 팽창이 국내로 유입되는 것을 막아야 한다."

「세계 경제전망」은 한발 더 나아가 통화정책의 목표에 인플레이션 예방뿐만 아니라 자산가격 버블 방지도 포함할 것을 분명히 했다.

"이번 위기가 통화정책 수립에 주는 교훈은 무엇인가? 인플레이션이 안정적이라고 해서 자산가격 버블이 경제에 심대한 타격을 주는 것까지 예방하는 것은 아니라는 점이다. 달리 말하면 인플레이션이 자산가격 버블을 예고하는 지표로 유용하지 않다는 것이다. 대출과 시중 유동성의 증가 등이 자산버블을 판단하는 데 더 유용한 지표다. 그러므로 이런 지표를 통해 자산버블의 징후가 감지되면 향후 몇 년간 인플레이션 우려가 없더라도 통화 긴축 시행을 검토해야 한다."

자산가격에 버블이 팽창하는데도 인플레이션 우려가 없다는 이유로 저금리를 장기간 방치한 결과, 지금 여러 국가가 금융위기를 겪고 있다는 뒤늦은 깨달음에서 나온 결론이다.

IMF의 경고에 대해 MB정부는 어떤 생각을 할까? 금리 인상을 막기 위해 금융통화위원회에 기획재정부 차관을 참석시키는 무리수까지 감행하는 정부와 청와대는 이렇게 주장할 것이다. "만약 금리 인상을 일찍 시작했다면 경제회복이 늦어졌을 것이다." 맞는 말이다. 금리가 인상되면 경제성장률이 낮아지는 것은 경제의 문외한이라도 아는 사실이다.

국내외 연구기관이나 IMF가 그런 경제상식을 몰라서 금리 인상을 서둘러야 한다고 말했을까? 경제회복도 좋지만 더 무서운 결과를 피하기 위해서는 경제침체마저도 감수할 수밖에 없다는 것이 그들의 판단이었다.

더 무서운 결과란 무엇인가? 저금리를 유지하는 데서 생기는 인플레이션 압력은 그중의 하나에 불과하다. 그보다 더 무서운 것은 팽창한 버블이 붕괴하고 난 후 엄습할 엄청난 경제적 충격이다. 그것은 현재 미국 국민이 뼈저리게 겪고 있는 현실이기도 하다.

MB정부는 금융위기가 발생한 다음에 써야 할 카드를 미리 사용했다. 미국 등 다른 국가들은 금융위기가 터져 실물경제에 큰 충격이 오자 그것을 완화하기 위해 금리 인하와 공적자금 투입이라는 정책을 썼는데, 한국은 금융위기가 오기도 전에 금리를 사상 최저로 낮춰 대출을 늘리고 있다.

금융위기가 오면 써야 할 정책을 미리 소진해버렸으니 정작 위기가 닥쳤을 때 정부가 쓸 수 있는 카드가 별로 없는 상황이다. 그래서 미국이 지금 겪는 참담한 현실보다 더 암담한 충격이 한국을 덮칠 수도 있다.

미래에 닥칠 충격을 줄이기 위해서라면 인플레이션이 심각하지 않더라도 금리 인상을 시작해야 한다. 더구나 경제성장률까지 기대 이

〈그림 1-6〉 미국의 금융위기와 정책 대응

〈그림 1-7〉 한국의 금융정책과 버블 팽창

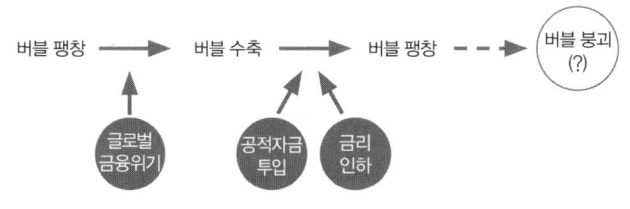

상으로 급등하고 있으므로 금리 인상을 늦출 이유는 전혀 없다. 정
부와 청와대는 '세상에 공짜 점심은 없다'는 평범한 진리를 잊지 말아
야 할 것이다.

2010. 1. 8, 뷰스앤뉴스

'한국판 서브프라임 사태' 경고등이 켜졌다

:
:

　광교산 등산로에 진달래가 꽃망울을 맺고 있다. 불과 얼마 전만 해도 나뭇가지에 수북이 눈이 쌓여 한겨울을 느끼게 하더니 어느새 봄이 코앞에 와 있다. 우리 경제도 지금 날씨처럼 봄날이 오는가? 지난 2년 반여 혹독하게 몰아쳤던 금융위기와 경제위기가 끝나고 경제가 회복기에 접어드는가?

　겉으로 나타난 경제 현상들만을 보면 봄기운이 느껴지기도 한다. 그러나 경제의 큰 흐름은 여기저기서 위험신호를 보낸다. 무엇보다 글로벌 금융위기를 몰고 온 미국 서브프라임 사태의 징후가 우리 경제에 보이고 있어 긴장의 끈을 늦출 수 없다.

　미국 서브프라임 사태는 곁가지를 떼고 큰 줄기만을 보면 결국 의 문제였다. 개인들이 자기 소득으로 갚을 수 있는 수준보다 더 많은 부채를 안고 집을 산 것이 서브프라임 문제의 발단이었다. 어느 시점엔가는 부채를 상환할 수 없게 될 것이 자명한 이치였다. 그 자명한 이치가 현실화된 것이 바로 서브프라임 사태다.

서브프라임 사태가 터지자 집값이 하락하고 사람들은 더 이상 부채를 늘리지 않고 상환하기 시작했다. 당연히 가계부채는 감소했다. 그러므로 서브프라임 사태라는 이름의 금융위기는 지나치게 증가한 가계부채를 적정 수준까지 되돌리는 정상화 과정이라고 할 수 있다.

서브프라임 사태의 진행 과정을 단순화시키면 이렇다. 가계부채가 증가해 주택 등 자산가격에 버블이 형성되는 1 국면, 가계부채가 더는 늘어날 수 없는 수준이 되자 자산가격의 버블이 붕괴하고 가계부채가 감소하는 2 국면이다. 이렇듯 서브프라임 위기의 발단, 전개, 결말의 전 과정은 가계부채가 증가하고 감소하는 과정이다. 가계부채가 증가하는 1 국면은 자산가격이 오르고 실물경제가 좋아지는 호황 국면이고, 가계부채가 감소하는 2 국면은 금융위기가 발생하는 불황 국면이다.

한국 경제는 지금 어느 국면에 있을까? 한국은 글로벌 금융위기 중에도 가계부채가 계속 증가했다. 그 결과 자산가격의 버블은 꺼지지 않았다. 한국 경제는 현재 1 국면이 진행되는 중이다. 다시 말해, 아직 위기인 2 국면이 오지 않은 것이다.

그런데도 많은 사람이 2 국면이 마무리되는 과정에 있다고 생각한다. 정부가 앞장서서 위기를 잘 극복하고 있다고 자화자찬을 늘어놓고 보수언론은 맞장구를 치니 잘못 생각할 수도 있다. 위기가 끝났다고 생각하니 자산가격이 오르는 것도 당연하다고 생각하며, 남에게 뒤질세라 대출을 받아 주식과 부동산에 투자한다.

그러나 2 국면의 본질은 가계부채가 감소하는 것이다. 그리고 그 결과 자산가격이 급락한다. 혹시 2008년 말의 주식과 부동산가격의 폭락을 2 국면이 도래한 것으로 생각할지도 모른다. 그리고 2009년 상반기 이후 주식과 부동산가격이 상승하자 2 국면이 마무리된 것으로 생각할지 모른다. 그러나 그것은 원인과 결과를 혼동한 데서 오는 크나큰 착각이다.

한국은 지난 2년간 한 번도 가계부채가 감소하는 과정, 즉 위기국면을 겪지 않았다. 위기국면을 겪지도 않았는데 어떻게 위기가 끝나겠는가?

문제는 가계부채가 계속 증가할 수만은 없다는 점이다. 미국의 서브프라임 사태가 그 살아 있는 증거다. 가계가 소득으로 부채를 상환할 수 없는 시점이 되면, 그때부터 가계부채는 감소하기 시작하고 자산가격은 하락하는 위기국면이 시작된다. 그 시점은 어떻게 알 수 있는가? 가계의 부채 상환능력을 나타내는 지표인 '가처분소득대비 가계부채 비율'이 그 시점을 판단하는 가장 중요한 지표다.

서브프라임 버블이 최고조에 달했던 2007년 말 미국의 가처분소득대비 가계부채 비율은 137.6%였다. 2000년 말에 100.7%였는데, '대출받아 집에 투자하기'를 7년간 계속한 결과 이 비율이 급등한 것이다. 한국은 2000년 말 이 비율이 95.9%로 미국보다 낮았는데, 2007년 말에는 145.8%로 미국을 훌쩍 뛰어넘었다. 한국이 미국보다 부동산 버블이 더 컸음을 알려주는 신호 중 하나다.

미국의 버블은 2008년 들어 꺼지기 시작했고 가계는 부채를 줄여갔다. 그런데 한국의 가계는 2008년 이후에도 줄기차게 '대출받아 집에 투자하기'를 계속했다. 당연히 한국 가계의 부채 상환능력이 서브

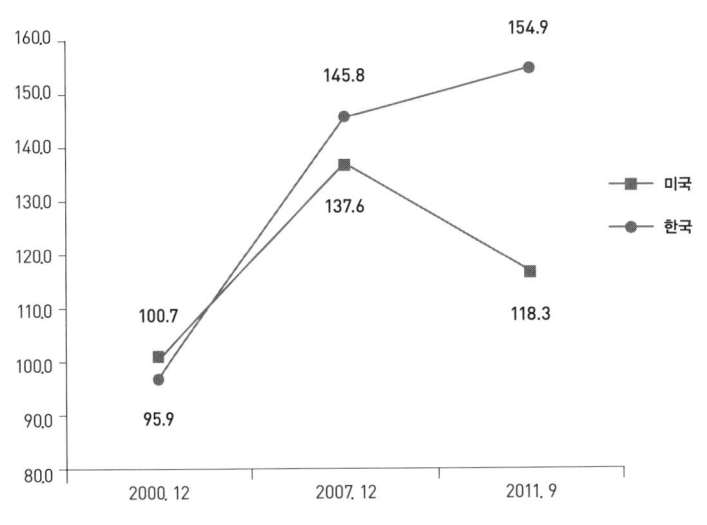

〈그림 1-8〉 가처분소득대비 가계부채 비율　　　　　　　　　　　단위: %

자료: OECD 경제전망 보고서

프라임 사태가 터지기 직전의 미국보다 훨씬 더 위험해졌다. 지금 곧 위기가 시작된다고 해도 전혀 이상하지 않을 정도다.

　아직 위기가 시작되지 않은 것은 아이러니하게도 가계부채가 계속 증가하기 때문이다. 늘어난 부채가 자산가격을 유지하고 또 일부는 소비에 충당되고 있다. 그러나 어느 순간 부채가 줄기 시작하면 위기가 시작된다. 그리고 위기의 충격은 부채의 크기에 비례한다. 그러므로 위기가 닥치기 전에 가계부채를 적정 수준으로 낮추는 정책을 지금 당장 시행해야 한다.

2010. 4, G Economy21

금융위기
벗어났나?

:

"한국 경제가 금융위기에서 완전히 벗어났다."

2011년 1월 27일 한국은행이 2010년 경제성장률을 발표하는 자리에서 공식적으로 언급한 내용이다. 그 근거는 경제성장률이었다. 2010년 경제성장률은 6.3%로 금융위기가 발생하기 이전인 2007년의 5.1%보다 더 높다.

경제성장률이 금융위기 이전 수준을 회복했으니 이제 한국 경제는 정상적인 상황으로 완전히 복귀했다고 단정한 것이다. 한술 더 떠서 한국은행 국민계정실장은 "올해 성장률도 꾸준히 상승 기조를 탈 것으로 보인다"고 자신 있게 말했다. 주목할 점은 이런 판단을 내린 곳이 한국은행이라는 사실이다.

'경제가 금융위기에서 완전히 벗어났다'는 사실이 기업인들에게 시사하는 점은 무엇일까? 한국은행의 공식적인 발언을 액면 그대로 받아들여 지금부터 공격적인 투자와 사업 확장을 시작해도 될까?

경제가 금융위기 이전의 정상적인 상황을 회복했으면 모든 경제정책을 정상화하는 것이 지극히 당연하다. 지난 2년여 금융위기 상황에서 취했던 극단적이고도 비정상적인 경제정책들이 신속하게 원상회복돼야 한다.

정부의 경제정책 중 가장 중요한 것은 통화정책과 재정정책이다. 이 둘 중 더 중요한 통화정책을 담당하는 곳은 한국은행이다. 통화정책을 금융위기 이전의 상황으로 정상화시킨다는 것은 무엇을 말하는 것일까? 통화정책의 핵심은 금리다. 그러므로 한국 경제가 위기를 완전히 벗어났다면 금리를 금융위기 이전 수준으로 정상화시키는 것이 가장 먼저 취해야 할 정책이다.

글로벌 금융위기가 터지기 직전인 2007년 3분기 한국의 기준금리는 5.25%였다. 그러므로 한국은행은 기준금리를 신속하게 5.25% 수준으로 올려야 한다. 만약 금리를 정상화하지 않으면 어떤 문제가 발생할까? 저금리가 오랫동안 계속되면 어떻게 될지는 경제학자가 아니라도 누구나 알 수 있다. 물가가 치솟는 것이 첫 번째 문제고, 자산 가격에 버블이 발생하는 것이 두 번째 문제다.

그 일이 지금 벌어지고 있다. 한국 국민은 하늘 높은 줄 모르고 치솟는 물가 때문에 극심한 고통을 겪고 있다. 이런 물가고통을 일으킨 주범은 저금리정책이다. 저금리를 지나치게 오랫동안 유지했기 때문에 돈의 가치가 하락하고 물건의 가치가 치솟는 인플레이션이 발생한 것이다.

그런데도 금리는 여전히 바닥에 있다. 사상 최저 금리인 2%에서 불과 0.75% 수준밖에 차이가 나지 않고, 금융위기 이전 기준금리인

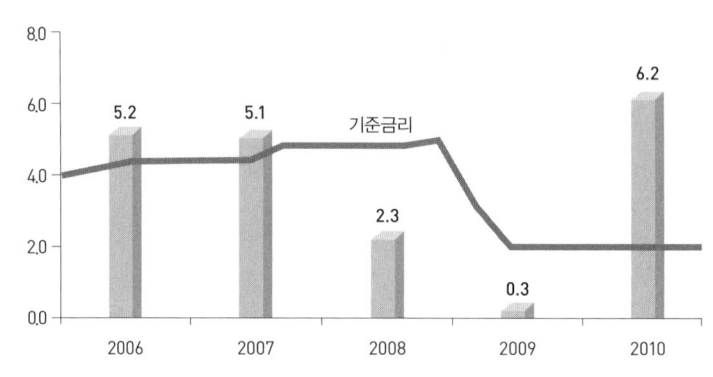

자료: 한국은행

5.25%에 비교하면 절반 수준이다. 그리고 한국은행은 2월 11일 금융
통화위원회에서 기준금리를 동결했다. 한국은행이 자신의 존재 이
유인 '물가안정'을 헌신짝 버리듯 저버린 것이다.

　실물경제는 금융위기 이전 수준을 회복했는데도 왜 금리를 정상
화시키지 않았을까? 그것은 금리 인상이 가져올 결과가 두려웠기 때
문이다. 금리 인상이 가계의 상환능력을 악화시키고, 그 때문에 자산
가격 버블 붕괴의 방아쇠를 당길 것이 두려웠던 것이다.

　사업적인 판단을 해야 하는 기업인은 물론 경제적으로 중요한 결
정을 내려야 하는 사람이라면 혼란스러울 것이다. 한국은행이 입으
로는 "금융위기가 완전히 끝났다"고 말하면서 행동으로는 아직도 금
융위기의 한복판에 있는 것처럼 행동하기 때문이다. 말과 행동이 다
를 때 어느 쪽에 따라 판단해야 할까? 대답은 뻔하다.

　그뿐이 아니다. 각종 설문조사의 결과는 지금의 물가수준이 정치

적으로도 위험수위에 이르렀음을 여실히 보여준다. 가장 최근의 설문조사에서 응답자의 93.4%가 "살림살이가 3년 전보다 더 어려워졌다"고 응답했다. 경제가 6.3%나 성장했다는데도 살림이 어려워진 것은 물가 상승 때문이다. 정부가 물가 상승의 주범인 저금리정책을 더는 유지하기 어려운 상황임을 말해준다.

한편으로는 한국은행이 저금리를 유지해야만 할 정도로 위기 요인들이 잠재해 있고, 또 다른 한편으로 금리를 인상해야 하는 상황이 목전에 이르렀다. 보수적인 기업 경영자라면 이런 경제 상황을 염두에 두고 경영에 임해야 낭패를 면할 수 있을 것이다.

2011. 3. G Economy21

금융위기의 충격을 줄이기 위한 경제정책은?

금융에는 두 가지 측면이 있다. 돈의 여유가 있는 사람이 자금을 운용하는 측면과 돈이 필요한 사람이 자금을 조달하는 측면이다. 둘 중 더 중요한 것은 자금 조달 측면이다. 기업의 사업자금 조달과 가계의 소비·투자자금 조달이 원활해야 경제가 잘 돌아가기 때문이다.

금융위기란 자금 조달이 원활하게 이루어지지 않는 현상을 말한다. 미국이 금융위기를 겪던 2008년부터 2010년까지 3년간 가계대출은 1조 1,660억 달러 감소했다. 그 결과 시중에 돈이 마르고 주가와 부동산은 폭락했다. 실물경제에도 큰 타격을 줬다.

미국의 대출이 감소하는 동안에도 한국은 가계대출이 급증했고, 시중에는 돈이 넘쳤다. 다시 말해 한국에는 금융위기가 오지 않은 것이다. 그러면 앞으로도 금융위기는 오지 않을 것인가?

카르멘 라인하트Carmen M. Reinhart와 케네스 로고프Kenneth S. Rogoff가 2010년 펴낸 『이번에는 다르다This Time Is Different』는 과거 발생한 모든 금융위기의 원인을 분석해 이렇게 결론을 내렸다. "정부든 은행이든 기업이든 혹은 개인이든, 과다한 부채 증가가 금융위기의 원인이었다."

2008년 가을에 터진 미국의 서브프라임 사태나 지금 스페인이 겪는 국가부도의 위기도 가계부채를 과다하게 늘린 결과다. 한국은 어떠한가? 미국과 스페인보다도 상환능력 대비 가계의 부채 비율이 훨씬 더 높다. 그러니 금융위기가 오지 않을 거라고 기대하는 것은 빚내서 흥청망청 쓴 뒤 다른 사람이 그 빚을 갚아줄 거라고 기대하는 것만큼이나 어리석은 짓이다.

지금 고민해야 할 것은 금융위기가 왔을 때 그 충격을 줄일 방법을 찾는 것이다. 금융위기가 오면 개인과 기업 등 모든 경제 주체들이 극심한 고통을 겪을 것이다. 그러나 그보다 더 심각한 것은 국가가 부도 위기에 처하는 것이다. 만약 한국에 금융위기가 닥치면 국가부도 사태에까지 치닫게 될까?

가장 최근 국가부도 위기에 내몰린 스페인과 비교하면 그 가능성이 어느 정도인지 짐작할 수 있다. 스페인의 인구와 GDP 규모는 한국과 아주 유사하다. 2000년 이후 부동산 버블을 경험한 것도 비슷하다. 위험의 크기를 말해주는 부채를 보면 정부부채는 한국보다 약간 높지만, 지방정부부채와 공기업부채를 모두 고려하면 한국이 더 높다. 가계부채 규모 역시 두 나라가 비슷하다. 가장 중요한 가처분소득대비 가계부채 비율은 한국이 154.9%로 스페인의 140.5%보다 훨씬 더 높다. 그런 스페인이 2011년 이후 부동산 가격이 30% 하락하자 국가부도나 다름없는 전면 구제금융 신청에 들어간 것이다.

한국에 금융위기가 닥치고 그것이 국가부도라는 극단적인 상황에까지 치닫는 것을 피하기 위해서는 국가재정을 늘려야 한다. 더구나 스페인과 달리 한국은 구제금융을 요청할 곳마저 없다. 국가재정을 늘리는 방법은 두 가지다. 세금을 늘리고 정부지출을 줄이는 것이다. 정부지출을 줄이는 방법을 택하면 총수요가 감소하여 곧바로 실물경제에 타격을 준다. 지난 3년간 국가부도 위기를 겪은 유럽 국가들이 모두 마이너스 성장을 경험하고 있는 것이 그 사례다.

실물경제에 타격을 가장 적게 주는 방법은 소비되지 않는 돈을 세금으로 거두는 것이다. 즉, 소득이 많은 계층과 재산이 많은 계층의 세금을 늘리면 가계소비를 위축시키지 않으면서 국가재정을 늘릴 수 있다.

MB정부는 대기업과 부자들에게 막대한 세금을 돌려줬다. 2009년 6월 22일 열린 '2009~2013년 국가재정운용계획 총괄·총량분야 공개토론회'에서 한국개발연구원KDI의 고영선 연구원은 "MB정부의 세제개편으로 국세수입 감소 규모가 2008년부터 2012년까지 총 98조 9,000억 원에 달할 것"이라고 경고했다. 2012년 10월 2일《연합뉴스》는 "MB정부에서 대기업과 고소득층에게만 52조 원의 세금을 감면해줬다"고 보도했다. 세금 감면의 영향으로 MB정부 4년 6개월간 재정적자가 111조 원에 달했고 그만큼 국가부채는 증가했다.

부자와 대기업 등 이미 돈이 많은 사람에게 세금을 돌려줘도 그들은 소비나 투자를 더 늘리지 않는다. 그들의 은행예금 잔액만 늘어났을 뿐이다. 이 돈을 세금으로 환수해서 국가재정을 튼튼히 하는 것이 국가부도에서 멀어지는 최선의 방법이다.

PART 2

거짓 성장론의 결말,
서민경제 침체와 재정적자

경제학에서 국민소득을 결정하는 가장 중요한 지표는 경제성장률이라고 한다. 그 경제성장률이 2010년에 6.3%였다. 노무현 정부 마지막 두 해인 2006년과 2007년의 성장률 5.3%와 5.1%보다 더 높았다. 금융위기가 한창이던 2009년의 성장률은 0.3%로 OECD 평균성장률 −3.8%와 비교하면 대견한 성적이다.

이를 근거로 MB정부는 자신들의 경제성적이 평균 이상이라고 주장할 것이다. 그러나 경제성장률이 중요한 것은 그것이 국민소득과 직결되기 때문이다. 만약 경제성장률은 높은데 다수 국민의 소득이 오히려 감소했다면 그 성장은 아무 의미 없는 가짜 성장일 뿐이다.

MB정부 4년간 국민의 소득은 어떻게 변했을까? 《매일경제》가 2011년 3월에 했던 여론조사 결과에 따르면 응답자의 93.4%가 MB정부 3년간 가계경제 사정이 나빠졌다고 응답했다. 그렇게 응답한 이유는 자신들의 소득이 감소해 살림살이가 나빠졌다고 체감하기 때문이다.

왜 경제성장률은 높은데 대다수 국민의 살림살이는 날이 갈수록 어려워지는 것일까? 혹시 국민 중 일부 소수만 엄청난 소득 증가를 누리는 것은 아닐까? 그렇다면 내 몫의 국민소득은 누구에게 흘러갔을까? MB정부의 경제정책이 그런 극단적인 양극화에 큰 몫을 한 것은 아닐까?

국민의 소득은 감소했는데 국가부채는 급증했다. 국가부채란 지금 세대가 다음 세대에 물려주는 빚이다. 국가부채가 증가하는 것은 정부가 거두어들이는 세금보다 지출이 더 많기 때문이다. 그러므로 국민 중 누군가는 그 혜택을 입었을 것이다. 그들이 누구일까?

PART 2에서는 MB정부 4년간 국민의 소득이 어떻게 변했는지, 경제성장률과 소득의 괴리가 왜 생겼는지, 내수와 자영업 경기는 왜 끝없는 나락으로 떨어지는지, 나랏빚이 얼마나 증가했는지에 관한 글들을 모았다.

가계소득,
어떻게 변했나?

:

2011년 초 대통령이 TV에 나와 큰소리로 자랑했다. "지난해 우리 경제는 OECD 국가 중 가장 높은 6%대의 성장률을 달성했습니다." 그해 1월 27일 한국은행 간부는 기자들 앞에서 "한국 경제가 금융위기에서 완전히 벗어났다"며 축배를 들자고 제안했다.

MB정부의 고위직 인사들은 한국이 OECD 국가 중에서 가장 높은 경제성적을 달성했다고 자화자찬하는데, 과연 국민도 이에 기꺼이 동의할까? 정부의 경제성적은 어떤 기준으로 평가해야 할까? '국민의 살림살이가 얼마나 좋아졌나'가 가장 중요한 평가기준이 돼야 한다는 데 이의를 제기할 사람은 없을 것이다. 경제성장률이든 수출이든 아니면 다른 경제지표든, 국민의 살림살이에 보탬이 될 때만 의미가 있을 테니까 말이다.

MB정부 3년간 국민의 살림살이는 어떻게 변했을까? 2011년 3월 23일 《매일경제》의 여론조사 결과에서 그 대답을 찾을 수 있다. "3년 전과 비교해 가계경제가 어떤가?"라는 질문에 67.1%의 응답자가 "매우 나빠졌다"고 응답했다. 또 26.3%는 "조금 나빠졌다"고 응답했다. 전체 국민의 93.4%가 MB정부가 출범한 2008년 3월 이후 살림살이가 더 어려워졌다고 느끼는 것이다. 정부의 경제성적을 평가하는 데 이보다 더 현실적이고도 명확한 지표가 또 있을까?

당사자인 MB정부는 여론조사가 주관적이고 비과학적이라며 그 결과를 신뢰할 수 없다고 반박할지도 모른다. 그러므로 정부가 발표하는 다른 통계를 통해 MB정부가 집권한 2008년 이후 가계의 소득이 어떻게 변했는지 확인해보자.

가계소득의 원천은 무엇일까? 소득은 크게 나누어 근로소득과 사업소득, 그리고 재산소득으로 구분한다. 이 중에서 재산소득은 빌딩을 소유한 사람이 받는 임대료 수입이나 은행예금의 이자수입 등이므로, 재산이 많은 소수 부자를 제외하면 대다수 사람의 소득에 기여하는 바가 극히 미미하다. 그러므로 국민의 주요 소득원은 근로소득과 사업소득이다.

우리나라 국민의 근로소득과 사업소득은 각각 어느 정도일까? 기획재정부가 매월 발간하는 「최근 경제동향」을 보면 2010년 9월 현재 취업자 수는 2,412만 명이다. 이들은 다시 임금 노동자 1,712만 명과 비임금 노동자 700만 명으로 나뉜다. 비임금 노동자란 565만 명의 자영업자와 135만 명의 무급가족 노동자를 말한다. 무급가족 노동자란 주로 자영업자의 가족들이므로 이들 역시 자영업자에 포함된다. 그러므로 재산소득을 제외하면 1,712만 명 임금 노동자의 임금소득과 700만 명 자영업자의 사업소득이 가계소득의 대부분이라 할 수 있다.

1,712만 명에 달하는 임금 노동자의 소득은 지난 4년간 어떻게 변했을까? 위의 「최근 경제동향」에 의하면 상용 노동자 5인 이상 사업체의 명목임금은 2008년 4.4%, 2009년 2.2%, 2010년 6.4% 상승했다. 2011년에는 명목임금이 4.2% 하락했다. 2008~2011년의 4년간 명목임금 상승을 합하면 8.8%다. 물론 여기에는 삼성전자나 현대자동차처럼 이익이 급증해서 성과상여금을 연봉만큼 준 곳이 포함되므로 대다수 중소기업 노동자의 임금은 이보다 덜 올랐을 것이다.

소득이 4년간 8.8% 증가했으니 가계경제가 조금이나마 나아졌을까? 물론 그렇지 않다. 명목임금이란 물가 상승을 고려하지 않은 수치다. 명목임금보다 물가가 몇 배 더 올랐으니 가계경제는 아래쪽으로 곤두박질쳤다. 그 기간에 물가가 얼마나 올랐는지, 그래서 실질소득은 어떻게 변했는지 알아보자.

MB정부 출범 초기인 2008년 3월에 정부는 52개 생필품을 지정해 가격동향을 특별히 관리해왔다. 소위 'MB 물가지수'라 불리는 이 지표는 얼마나 올랐을까?

기획재정부가 2011년 9월 국회에 제출한 자료를 보면 MB 물가지수는 2008년 3월부터 2011년 7월까지 3년 5개월간 22.6%나 치솟았다. MB 물가지수는 말 그대로 대통령의 지시로 특별히 관리되었기 때문에 다른 품목에 비해 상승폭이 작았을 텐데도 이 정도다. 기간을 4년으로 확대하면 물가 상승률은 26.5%에 달한다.

전체 취업자의 70%에 달하는 1,712만 명 임금 노동자들의 명목임금이 MB정부 4년간 8.8% 올랐는데 물가는 26.5%나 급등했다. 실질소득이 17.7% 감소한 것이다. 전체 취업자의 30%를 차지하는 자영업

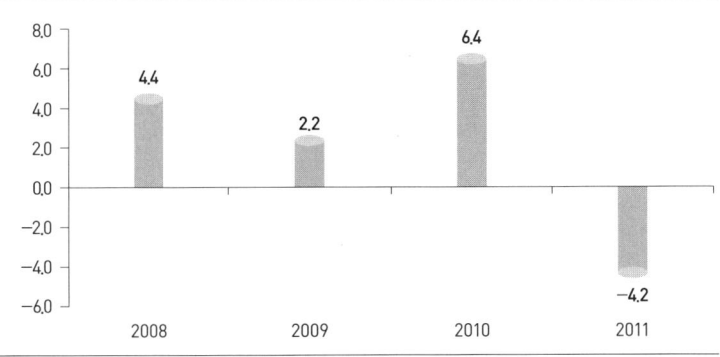

〈그림 2-1〉 상용노동자 5인 이상 사업체의 명목임금 상승률　　　　　　단위: %

자료: 기획재정부

자는 10여 년 전 외환위기 때보다 더 어려운 상황이다. 몇 집 건너 한 집이 장사가 안돼 눈물을 삼키며 문을 닫았다. 자영업자의 소득에 관한 정확한 통계는 발표되지 않았지만, MB정부 4년간 명목소득마저 크게 감소했을 것이다.

소득이 있는 가계의 70%를 차지하는 임금소득자는 실질소득이 17.7% 감소했고, 30%를 차지하는 자영업자는 소득이 더 많이 감소했다. 이런 실정이니 여론조사에서 93.4%의 국민이 "살림살이가 나빠졌다"고 응답한 것이다.

MB정부가 자랑하는 높은 경제성장률이 국민의 살림살이에 아무 도움이 되지 못했고, 대다수 국민은 소득 감소로 고통받고 있다. 그러니 MB정부의 경제성적이 어떠할지는 일일이 계산해보지 않아도 알고도 남는다.

2011. 10. 17. 내일신문

경제성장률은 높은데
서민 경제는 어려워지는 이유

:

"뉴스에서는 매일 경기가 회복된다고 야단법석이지만 회복은 무슨, 오후 두 시가 다 되도록 바지 한 장도 못 팔았구먼……."

"하루 50만 원어치는 팔아야 임대료 내고 밥 먹고 사는데 요즘은 15만 원도 어렵다. 한쪽에선 명품이 날개 돋친 듯 팔린다고 하는데 여기 오는 사람들은 1만 원 쓰는 것도 벌벌 떤다. 그만큼 빈부격차가 커졌다는 증거다."

2009년 11월 4일 자 《헤럴드경제》의 기사 내용이다. 최근 들어 신문과 방송에서는 우리 경제가 본격 회복세에 접어들었다고 야단법석이지만, 서민들이 피부로 느끼는 체감온도는 영하 몇십도 수준이다. 서민들을 상대로 장사하는 자영업자들의 체감경기도 엄동설한이기는 마찬가지다.

각종 언론에서 대서특필하는 경제회복과 서민들이 느끼는 체감경기 사이에 어떤 간격이 존재하길래 이런 차이가 발생하는가? 언론에서 보도하는 경제회복이란 것이 실제로 일어나고 있기나 한 것인지 강한 의구심이 들기도 한다. 언론에서 보도하는 경제회복이란 경제성장률을 가리킨다. 경제성장률이 가파르게 상승하고 있으므로 우리 경제가 위기를 벗어나고 있다고 흥분하는 것이다.

글로벌 금융위기 발생 전후의 분기별 성장률을 보자. 금융위기 발생 직전인 2008년 2분기에는 전 분기 대비 0.4% 성장했는데, 금융위기가 발생한 3분기에는 0.2%로 낮아졌고 금융위기의 충격이 가장 컸던 4분기에는 −5.1%였다. 이어 2009년 1분기 0.1%, 2분기 2.6%, 3분기 2.9%로 분기별 성장률이 2009년 들어 빠르게 회복되고 있다. 2009년 3분기의 2.9% 성장률은 7년여 만에 최고의 성장률이라고 언론은 흥분한다.

겉으로 드러난 성장률만 보면 경제위기에서 벗어났다고 떠들 만도 하다. 그러나 경제성장의 내용을 들여다보면 엄청난 재정적자와 자산가격 버블이 성장을 떠받치고 있는 사상누각과 다름없다는 것을 알 수 있다. 더구나 《헤럴드경제》가 전하듯 서민 경제는 한겨울 찬바람에 떨고 있다.

경제 이론에 의하면 GDP란 국민총소득과 항상 일치한다. 그러므로 경제가 성장한다는 것은 국민 전체의 소득 합계도 같이 늘어나고 있다는 것을 의미한다. 당연히 경제위기를 벗어나서 높은 성장률을 구가한다면 국민의 소득도 위기 이전으로 회복되어야 마땅하다.

2008년 2분기 이후 2009년 3분기까지 6분기의 경제성장률을 합하

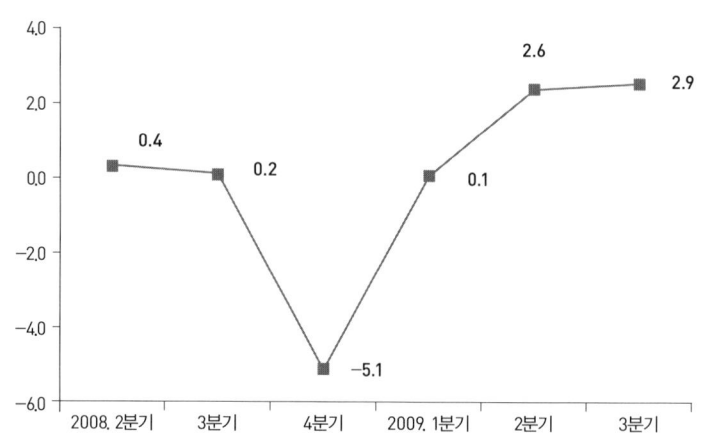

자료: 한국은행

면 1.1%다. 이것이 의미하는 바는 다음과 같다. '2009년 3분기 전체 국민의 소득총액은 2008년 1분기보다 1.1% 증가했다.'

그런데 왜 서민들은 아직도 허리띠를 졸라매야만 하는가? 서민들을 상대로 장사하는 자영업자들의 매출은 왜 현 정부 출범 이전의 절반밖에 되지 않는가? 전체 국민의 소득총액이 소폭 늘었는데 서민들의 소득은 큰 폭의 마이너스 상태라면 그 돈은 다 누구에게로 갔을까?

흔히 말하는 윗목 아랫목 이론에 의해 서민들까지 경제회복을 체감하려면 긴 시간이 필요한 것일까? 그러나 아무리 참고 기다려도 서민들의 소득이 증가하고 자영업자들의 장사가 잘 되던 이전으로 회복하는 일은 일어날 것 같지 않다. 왜 그럴까?

2009년 2분기와 3분기의 강한 경제성장을 가능케 한 요소는 엄청난 재정적자와 자산가격의 버블, 그리고 고환율정책 크게 이 세 가지다. 하나씩 따져 보자.

첫 번째, 재정적자에 의한 경제성장이다. 엄청난 재정적자가 발생한 원인은 두 가지다. 정부가 지출을 엄청나게 늘린 것이 하나고 세금을 엄청나게 깎아준 것이 다른 하나다. 그리고 두 경우 모두 경제는 성장한다. 문제는 이 둘 다 서민들의 소득 증가와는 무관하다는 점이다. 특히 MB정부 들어 종합부동산세와 양도소득세를 대폭 감면해 부자들의 소득증대에 크게 기여한 반면 서민들에게는 별다른 세금혜택이 없었다. 당연히 엄청난 재정적자에 의해 경제성장률은 높아졌지만(그래서 향후 부담해야 할 국가 빚은 엄청나게 증가했지만), 서민들의 소득증가에는 아무 효과가 없었던 것이다.

두 번째, 자산가격 버블에 의한 경제성장이다. 2009년 3월 이후 주식과 부동산 등 자산가격이 폭등했다. 그 결과 자산을 많이 보유한 사람들의 재산이 많이 증가하고 그들이 소비를 늘림에 따라 경제가 성장했다. 이것이 경제학에서 말하는 자산효과Wealth Effect다. 그러나 별다른 자산을 보유하지 못한 서민들에게는 남의 집 잔치일 따름이다.

세 번째, 고환율정책의 효과다. 이것이 세 가지 중에서도 서민의 소득에 미치는 영향이 가장 크고 중요하다. MB정부 직전인 2007년 말 환율은 936원이었는데 2009년 상반기 평균환율은 1,351원이었다. MB정부가 출범하고 1년여 만에 404원이나 폭등했다. 이처럼 짧은 기간에 환율이 42%나 폭등한 것은 외환위기 같은 극단적인 상황이 아니면 볼 수 없는 현상이다. 물론 정부의 인위적인 고환율정책이 없었다면 이런 환율 폭등은 없었을 것이다.

환율이 가계소득에 얼마나 큰 영향을 미치는지는 휘발유 비용을 보면 금방 알 수 있다. 자동차의 운행에는 휘발유가 필수적이다. MB 정부 이전 휘발유 비용으로 매달 30만 원을 지출했던 가정은 환율이 42% 폭등한 2009년 상반기에 매달 43만 6,000원을 지출해야 했다. 휘발유 비용만으로 매달 12만 6,000원을 더 지출해야 했으니, 연간 가계부담이 151만 원 늘었다. 다시 말하면 가계의 실질소득이 연간 151만 원 줄어든 것이다.

환율 상승으로 가계부담이 늘어난 것은 휘발유 때문만이 아니다. 2009년 상반기 내수용 수입액은 885억 달러였다. MB정부 출범 이후 환율이 404원 올랐으니 국민은 소비를 위해 36조 원을 더 지불해야 했다. 이를 4인 가족으로 나누면 한 가구당 286만 원의 소득이 감소한 것이고 한 달로 치면 48만 원 감소한 셈이다. 이런 상황이니 금융위기가 맹위를 떨쳤던 2008년 말보다도 가계의 살림이 더 나빠지는 것은 당연한 결과였다.

한국은행 통계에 의하면 노동자 가구의 월평균 소득은 381만 원이다. 거기에서 세금과 4대 보험료를 내고 나면 쓸 수 있는 돈은 300만 원이 채 안 될 것이다. 그런 가구에 매달 48만 원은 어마어마하게 큰 돈이다. 그 정도로 실질소득이 줄면 가장 먼저 취할 대책은 외식을 줄이는 일일 것이다. 백화점 쇼핑은 언감생심이고 남대문 시장에 가서도 몇만 원짜리 바지를 사는 데 몇 번이나 망설일 것이 틀림없다. 동네 음식점과 재래시장이 장사가 안되는 이유다.

2009. 11. 6, 뷰스앤뉴스

MB 성장정책을 이끄는 쌍두마차
재정적자와 자산버블

.
.
.

"총부채 상환비율DTI 규제를 풀어서라도 부동산 하락을 막아라."

2010년 4월 23일 또 부동산 부양책이 발표됐다. DTI마저 풀어 대출을 늘림으로써 부동산가격 하락을 막아보겠다고 한다. MB정부가 또다시 가계부채 늘리기 총력전에 돌입하는 모양이다.

모두 잘 알듯이 MB정부의 경제정책 모토는 '성장론'이다. 대통령 선거 공약의 맨 윗자리를 차지한 '747 공약'에서도 가장 첫 자리가 '7% 성장'이었다. 그래서인지 성장만 할 수 있다면 그 어떤 것도 기꺼이 희생할 태세다. 2009년 성장률은 0.2%다. 가까스로 마이너스 성장을 면한 것이지만, 다른 선진국들과 비교하면 나쁘지 않은 성적이다. 그러니 MB정부의 경제성적은 우수하다고 말할 수 있을까?

문제는 낮은 성장률이 아니라 성장의 내용이다. 일견 성장정책이 성공한 것처럼 보이지만, 그 이면을 들여다보면 수면 아래에 엄청난 위험이 자라나고 있다.

2009년 0.2% 성장을 가능케 했던 첫 번째 요인은 43조 원에 이르는 재정적자다. 재정적자란 정부가 거두어들인 세금보다 지출이 더 많다는 뜻이다. 2009년 정부는 225조 원의 세금을 거두었는데, 지출은 이보다 43조 원 더 많은 268조 원이었다. 정부가 43조 원의 빚을 내어 지출을 늘렸으므로 2009년 GDP는 43조 원만큼 더 증가했다. 재정적자 43조 원으로 GDP가 4.1% 더 성장한 것이다. 재정적자가 없었다면 0.2% 성장이 아니라 −3.9% 성장이었을 것이다.

MB정부 성장정책의 쌍두마차를 끄는 또 다른 말은 자산버블이다. 극단적인 통화 완화정책에 의해 2008년 말 폭락했던 부동산과 주식가격이 2009년 3월경부터 폭등했다. 그러자 가계들은 다시 소비를 늘리기 시작했다. 자산효과가 작동한 것이다.

가계소득이 급격히 감소했는데 소비를 늘렸으니 그 결과가 어떨지는 불을 보듯 뻔한 일이었다. 일부 가계는 그동안 저축해둔 돈을 꺼내 소비에 충당했고, 그럴 여력이 없는 가계는 대출을 받아 소비를 유지했다. 저축은 줄고 대출은 늘었다. 더 큰 문제는 자산버블의 원동력이 가계대출 증가라는 사실이다. 가계가 두려움 없이 대출을 늘려 그 돈으로 아파트에 투자했고 소비에 충당했다.

정부는 재정적자를 내어 지출을 늘렸고, 가계는 대출을 받아 부동산에 투자하고 부동산가격이 오르자 소비를 늘렸다. 그 결과 경제가 성장했다. 정부와 가계가 합심하여 빚을 늘린 것이 2009년과 2010년 경제성장의 원동력이었다.

2010. 4. 26. 내일신문

고환율정책이
경제성장에도 기여 못 한다

"경제성장을 위해 고환율이 필요하다."

MB정부가 고환율정책의 명분으로 내세우는 말이다. 경제위기로 내수가 침체하니 수출이라도 살려서 경제성장을 이뤄보자는 그럴듯한 말이다. 환율을 올리기만 하면 경제는 성장한다는 말이 사실일까?

경제성장이란 GDP 증가를 의미한다. GDP가 증가하기 위해서는 수요가 증가해야 한다. 수요는 증가하지 않는데 기업이 생산을 늘리면 생산된 물건이 팔리지 않아서 재고가 증가하므로 이듬해에는 생산을 줄여야 하고 경제성장은 후퇴한다.

국가 경제에서 수요란 가계의 소비, 기업의 투자, 정부의 지출 및 수출의 네 가지로 구분된다. 이들이 증가하면 기업은 생산을 늘리고 경제는 성장한다. 그러므로 경제성장을 위해서는 네 개의 수요를 증가시켜야 한다. MB정부가 목매달다시피 하는 고환율정책은 수출을 증가시켜서 경제를 성장시키겠다는 정책이다.

그러나 거기에는 분명 대가가 따른다. 환율이 오르면 소비자인 가계의 실질소득이 감소하는 것이다. 고환율정책이란 국민의 주머니에서 돈을 꺼내 수출 대기업의 금고에 넣어주는 소득 이전정책이나 다름없다.

가계의 소득이 감소하면 가계소비가 감소하고 내수는 침체된다. 그러므로 고환율정책이란 수출을 늘리는 대가로 내수를 침체시키는 정책이다. 2008년 하반기 이후 가뜩이나 침체된 내수는 고환율정책으로 더 죽어갈 수밖에 없다. 내수가 침체되면 가장 먼저 타격을 받는 곳이 자영업이다. 그러므로 정부가 내세우는 고환율정책의 명분은 결국 이런 말이다. "경제성장을 위해서는 내수침체와 자영업의 몰락을 감내해야 한다."

그러니 경제성장이라는 애초의 명분은 빛 좋은 개살구에 지나지 않는다. 혹시 "내수가 줄긴 하지만 내수감소보다 수출이 더 많이 늘어 결과적으로 경제성장에 기여를 할 것"이라는 변명을 둘러댈지 모르겠다. 과연 그럴까? 만약 그런 긍정적인 효과가 있다면 대기업과 정부산하의 연구기관들이 앞다투어 '환율 상승의 경제성장에 대한 기여도'를 분석해 그 결과를 담은 보고서를 산더미처럼 발표했을 것이다. 그러나 그런 보고서는 보이지 않는다.

2010년 3월 5일 자 《내일신문》의 기사에 따르면, 한국개발연구원은 환율이 5% 오르면 경제성장률은 0.1% 상승하는 데 그치지만, 국내 소비자물가는 0.29% 상승하고 민간소비와 총투자가 각각 0.72%, 1.82% 줄어드는 것으로 진단했다고 한다. 오차를 고려한다면 0.1% 성장기여도란 사실상 거의 기여도가 없다는 말과 다를 바 없다. 반면 민간소비와 총투자에 미치는 악영향은 뚜렷하다. 고환율정책이 내수를 크게 침체시킨다는 사실을 확실하게 확인할 수 있다.

환율 상승이 경제성장에 기여하지 못한다는 사실은 GDP에서 차지하는 가계소비와 수출의 비중을 비교해봐도 알 수 있다. 2009년 GDP는 1,063조 원이었는데, 그중 가계소비는 577조 원이었고 수출은 530조 원이었다. 가계소비가 수출보다 비중이 더 크다. 그러므로 고환율정책으로 가계소비를 희생해서라도 그보다 비중이 더 작은 수출만 늘리면 경제는 더 성장할 것이라는 주장은 애당초 말이 안 되는 터무니없는 소리였다.

경제성장률이라는 숫자보다 더 중요한 것이 국민이 피부로 느끼는 체감경기다. 그리고 체감경기를 결정하는 것은 소득이다. MB정부 들어 대다수 국민의 실질소득이 많이 감소했는데 그 근본 원인은 고환율이었다.

고환율정책이란 수출 대기업들에 천문학적인 이익증가를 안겨주고, 그 결과 그 기업들의 주가를 사상 최고로 치솟게 한 것 말고는 아무런 경제효과도 없는 잘못된 정책이다.

2010. 8. 16, 내일신문

내수침체,
위험수위를 넘었다

:

2011년 3월 한국은행이 발표한 소비자심리지수는 98로 한 달 전보다 7이나 하락했다. 이런 하락폭은 글로벌 금융위기가 터졌던 2008년 12월보다 더 큰 폭이었다.

소비자심리지수란 가계소비, 즉 내수의 선행지수다. 이 지수가 급락했으므로 향후 내수는 더 급격히 위축될 것이다. 내수에 의존하는 대다수 중소기업이 어려워질 것이고, 매달 2,000여 곳이 문을 닫는 자영업자는 벼랑 끝으로 내몰릴 것이다. 혹자는 급락하긴 했지만 아직은 기준치인 100을 크게 밑돌지 않으므로 걱정하지 않아도 된다고 말할지 모른다. 그러나 소비자심리지수를 구성하는 내용을 하나하나 뜯어보면 심각성은 훨씬 더 크다.

현재생활형편지수는 6개월 전과 비교해 지금의 생활형편이 어떤지를 나타내는 수치다. 이 지수는 2009년 11월부터 17개월 연속 기준치인 100을 밑돌았다. 이는 사람들이 지난 17개월간 줄곧 자신들의

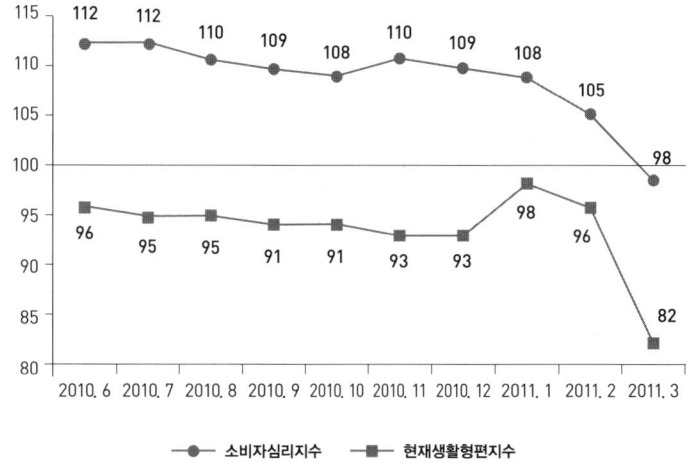

자료: 한국은행

살림살이가 계속 나빠졌다는 것을 체감하고 있다는 뜻이다. 드디어 2010년 3월에는 이 지수가 82로 급락했다. 대다수 가계가 버티기 어려울 정도로 힘들다는 뜻이다. 6개월 전과 비교해 현재의 체감경기가 어떤지를 나타내는 현재경기판단지수는 64로 그보다 더 심각한 수준이다. 소비자들이 체감하는 현재의 경기 상황은 한겨울임을 보여준다.

왜 사람들 대다수의 생활형편과 체감경기가 이토록 나빠졌을까? 그리고 향후 내수가 급랭할 것이라 예고하는 이유는 무엇일까? 이런 일이 생길 때마다 MB정부의 고위직들은 준비해둔 대답을 내놓곤 한다. "전 세계적인 경제위기 때문에 한국 가계의 생활형편이 나빠졌고, 내수는 침체했다."

과연 그럴까? MB정부가 큰 목소리로 자랑했듯 2010년 한국 경제는 6.3%라는 놀라운 성장률을 달성했다. 그리고 수출 대기업들의 이익은 천정부지로 치솟고 있다. 그런데도 지금의 어려운 경제 상황이 세계적인 경제위기 때문이라고 둘러대는 것은 국민이 경제에 무지할 것이라고 오판하는 것이다.

경제학에서는 '가계의 소비를 좌우하는 가장 중요한 요소는 가계의 소득'이라고 설명한다. 소득이 줄면 소비를 줄인다는 당연한 현상을 말한 것이다. 최근 줄줄이 발표되는 여론조사 결과를 보면 가계들이 실질소득의 감소를 체감하고 있음을 감지할 수 있다. 가장 최근에 실시한 《매일경제》와 한길리서치의 조사 결과 응답자의 93.4%가 MB정부 3년간 소득 감소를 체감하고 있다고 밝혔다.

그러니 향후 가계의 소비가 급격하게 위축될 것은 당연한 결과다. 그러면 가계소득 감소의 원인은 무엇일까? 이 역시 여론조사 결과에서 그 대답을 발견할 수 있다. 위의 여론조사로는 응답자의 63%가 현 정부의 잘못한 경제정책으로 '물가 관리'를 지목했다. 명목소득은 제자리인데 물가가 크게 올랐으니 가계의 실질소득이 감소한 것이다. 그리고 물가급등의 가장 큰 원인은 환율 상승이었다.

2007년 말 936원이었던 환율이 2009년 평균환율 1,276원으로 급등했고, 2010년에도 평균 1,156원으로 여전히 고공 행진을 거듭했다. 환율이 상승하면 수출로 달러를 벌어들이는 수출기업은 환율 상승만큼 이익이 증가하고, 반대로 비싼 가격으로 석유 등 수입품을 소비해야 하는 일반 국민은 물가고통에 시달린다. 경제에 공짜 점심은 없다는 상식은 환율에서도 예외가 아니다.

향후 상당 기간 내수가 침체될 것이 예고됐다. 그리고 내수가 회복되기 위해서는 가계소득의 증가가 반드시 선행되어야 한다. MB정부가 무리하게 추진하는 고환율정책을 당장 그만둬야 하는 이유다.

2011. 5, G Economy21

경제성장 둔화의
원인과 해법

.
.
.

2011년 경제성장률이 정부 목표치인 4.5%에 크게 못 미치는 3.6%로 발표됐다. 성장 둔화의 원인에 대해 "유럽 재정위기의 여파로 수출이 안 됐기 때문"이라고 언론들은 입을 모았다. 한술 더 떠서 2012년 1월 20일까지 무역수지가 29억 달러 적자라며 위기감을 조성했다. 그리고 "환율이 연초 1,160원에서 1,120원대로 떨어져서 수출전선에 먹구름이 끼었다"는 단골 멘트가 이어졌다.

MB정부 4년 내내 지겹게 들어왔던 "고환율이 경제를 살린다"는 터무니없는 주장이 또다시 고개를 처든다. 과연 고환율을 유지하면 경제성장률이 높아질까?

작년 경제성장률을 지출 항목별로 뜯어보면 전혀 다른 결론에 이른다. 작년 수출은 10%나 증가했다. 설비투자도 3.8% 증가해서 성장률을 웃돌았다. GDP에서 가장 큰 비중을 차지하는 민간소비는 어땠을까? 2.2% 증가로 성장률을 크게 밑돌았다. 그러므로 작년 경제성

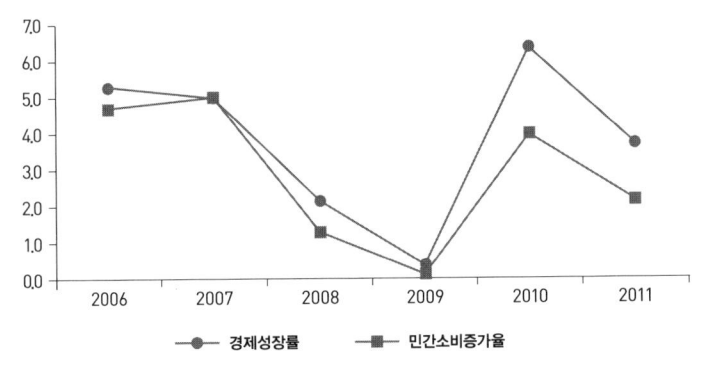

〈그림 2-4〉 경제성장률과 민간소비증가율　　　　　　　　　단위: %

자료: 기획재정부

장이 둔화된 가장 중요한 원인은 민간소비의 위축이다.

왜 민간소비가 크게 위축됐을까? 경제 이론을 들먹이지 않더라도 가계는 소득이 늘면 소비를 늘리고 소득이 줄면 소비를 줄인다는 것은 상식이다. 그런데 가계의 실질소득이 MB정부 들어 급격히 감소했다. 정부 통계에 의하면 MB정부 이후 4년간 경제활동인구의 69%를 차지하는 임금 노동자의 명목임금이 8.8% 상승했는데, MB 물가지수는 26.5%나 급등했다. 임금 노동자의 실질임금이 17.7%나 급감한 것이다. 또 경제활동인구의 약 28%인 자영업자와 가족노동자는 명목소득마저 많이 감소했다.

이처럼 국민 대다수의 실질소득이 엄청나게 감소했는데도 민간소비가 2.2%라도 증가한 것은 놀라운 일이다. 2010년에는 민간소비가 4.1%나 증가했다. 소득은 줄어드는데 소비가 증가했다면 그 결과는 자명하다. 부채가 늘거나 저축이 줄어들었거나 그 둘 다이거나.

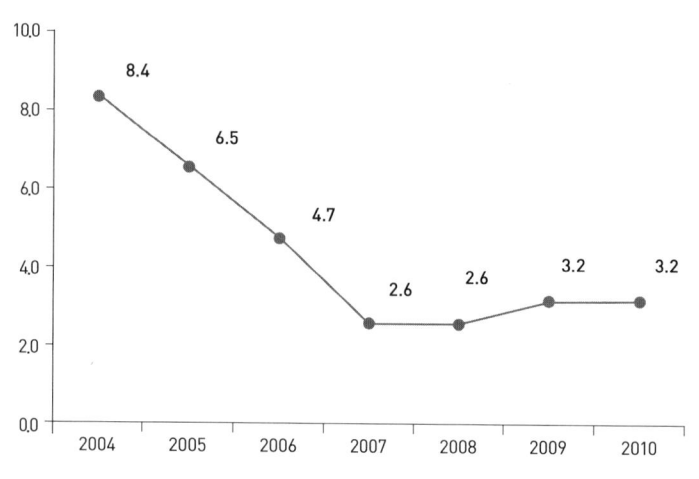

MB정부 들어 가계대출이 하늘 높은 줄 모르고 치솟은 것은 누구나 아는 사실이다. 한국은행 통계에 의하면 2008~2011년 4년간 가계대출이 227조 원이나 증가했다. 가계저축률은 2006년 4.7%였는데 2010년에는 3.2%로 급락했다. 소비에 성장을 의존하는 OECD 국가의 평균인 6.8%의 절반에도 미치지 못하니 대단히 심각한 상황이다.

MB정부 들어 가계소득이 감소하자 그동안 저축해둔 돈으로 소비하고, 그것도 모자라서 빚을 내서 또 소비한 것이다. 정부는 사상 최저 금리를 오랫동안 유지함으로써 가계가 빚을 내면서까지 소비하도록 부추겼다. 그러나 이런 비정상적인 상황이 오래갈 수는 없다. 작년 4분기 민간소비가 −0.4%였던 것은 가계들이 빚을 내서 소비하는 것이 한계에 달했다는 증거다.

해결책은 무엇일까? 가계소득 감소의 주범이 고환율이었다는 사실은 너도나도 알고 있다. MB정부가 인위적으로 고환율을 유지하자 수출 대기업들은 사상 최고 이익을 누렸고 수출 대기업의 이익증가 금액만큼 가계소득이 감소했다.

경제성장을 위해서는 가계소비가 살아나야 하고 그러기 위해서는 가계소득이 증가해야 한다. 가계소득을 증가시키는 가장 확실한 방법은 하루라도 빨리 무리한 고환율정책을 폐기하는 것이다. 그런데도 성장 둔화를 빌미로 또다시 "고환율로 경제를 살리자"는 주장이 등장하니 참 어이가 없다.

2012. 2. 1. 내일신문

예고된 재앙,
소비 빙하기

:

'소비 빙하기 진입', '대형마트 매출 5개월 연속 감소', '백화점 매출 전년대비 7% 감소'

내수침체가 최악으로 치닫고 있다고 언론이 호들갑을 떤다. 대형마트와 백화점이 2011년 8월 대비 2012년 8월의 매출액이 각각 3.3%와 6.9% 감소했다는 것이다. 대형마트의 매출 감소는 5개월째 계속되고 있다. 2012년 3월 3.2% 증가했던 매출은 4월에는 전년 동월 대비 2.4% 감소하더니 5월 5.7%, 6월 7.2%, 7월 8.2%로 감소세가 갈수록 커졌다. 8월에는 여름철 수요 덕분에 감소세가 3.3%로 줄었다.

백화점의 매출도 3개월 연속 감소했다. 백화점의 1인당 구매단가가 2011년 12월 9만 2,000원에서 2012년 8월 6만 4,000원으로 8개월 연속 낮아진 것을 보면, 소비자들은 점점 더 싼 물건을 찾는 것으로 보인다. 휘발유 소비도 작년 동월 대비 2.1% 줄었고, 자동차 내수 판매량은 무려 24.9%가 줄었다. '소비 빙하기'란 말이 엄살이 아님을 알 수 있다.

사실 이런 내수침체는 이미 2~3년 전부터 예견됐던 일이다. 더 우스운 일은 정부와 한국은행이 연초 「2012년 경제전망」을 발표하면서 "민간소비가 3.2% 성장해 내수가 안정적으로 증가할 것"이라고 공식적으로 발표했다는 사실이다. 대학교 교양과정에서 배우는 경제학 원론만 들었어도 판단할 수 있는 경제상식을 국가 경제를 책임진 사람들이 몰랐다는 사실에 어이가 없다.

내수란 가계소비와 기업투자다. 기업투자는 가계소비에 좌우되므로 결국 내수를 움직이는 가장 중요한 요소는 가계소비다. 그러면 가계소비를 결정하는 요소는 무엇인가? 경제학 원론을 들춰보면 "가계소비를 결정하는 가장 중요한 요소는 가계소득"이라고 분명하게 나와 있다. 소득이 늘어 주머니 사정이 좋아져야 가계가 소비를 늘린다는 것은 경제학 이론이라기보다는 상식에 가깝다.

MB정부 4년간 가계소득이 어떻게 변했는지는 수도 없이 말했으므로 더 이상 긴 말이 필요치 않을 것이다. 경제활동인구의 98%인 임금 노동자와 자영업자의 소득이 지난 4년처럼 최악으로 감소했던 것은 전무후무한 일이다. 소득이 줄어든 가계가 소비를 줄이는 것은 예정된 절차다. 그런데 지난 3년간 가계소비는 소폭이나마 증가했다. 그 이유 역시 거듭 설명했다. 소비를 줄이는 고통을 감내하기 어려웠던 가계들이 저축을 줄이고, 그것으로도 부족해 대출을 받아 소비생활을 했던 것이다. 소위 소비의 하방 경직성이라 일컫는 속성 때문이다. 게다가 대출을 받아 투자한 아파트 가격이 상승하자 부자가 된 듯한 기분에 소비를 늘리는 자산효과도 한몫했다. MB정부는 사상

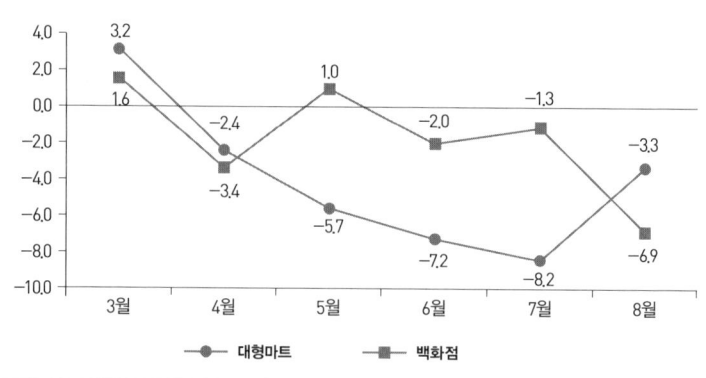

〈그림 2-6〉 2012년 대형마트와 백화점 매출 증감율(전년 동월 대비)　　　　단위: %

자료: 지식경제부

최저 금리와 부동산 부양책으로 가계들이 빚을 내도록 부추겼다.

소득이 줄어드는데도 대출을 늘려서 소비를 유지하는 위험한 상황이 오래 갈 수는 없다. 가계부채가 상환능력을 넘어선 지는 이미 오래됐고, 더 이상 버틸 수 없는 지경에 이르렀다는 신호가 여기저기 나타난다. 그런데도 한국은행과 정부는 올해 내수가 성장을 이끌 것이라는 어이없는 전망을 했다. 내수가 증가할 것이라고 잘못 판단했으니 내수 활성화를 위한 대책은 아예 생각지도 않고 있을 것이다.

빚내서 버티던 가계들이 줄줄이 무너지고 있다. 그것이 '소비 빙하기' 현상으로 나타나고 있다. MB정부의 빚 권하는 정책으로 급증했던 가계부채가 정상수준으로 낮아질 때까지 내수는 끝없는 나락으로 곤두박질칠 것이 심히 우려된다.

2012. 8. 31. 내일신문

자영업
왜 어려운가?

:

　우리 동네의 상가 밀집지역을 지나다 보면 가게의 유리창에 붙은 '임대문의'라는 글씨에 자주 시선이 간다. 중국집을 1년 정도 하다가 문을 닫은 곳, 제법 큰 슈퍼를 열었다가 6개월도 못 되어 문 닫은 곳 등, 최근 갑작스레 늘어난 '임대문의'가 자영업의 현실을 가감 없이 보여주는 것 같아 마음이 아프다. 가족의 생계를 위한 마지막 보루라 생각하고 시작했을 사업이 빚만 잔뜩 남긴 채 문을 닫아야 하는 상황에서 잠 못 이룬 밤들이 그 얼마였으랴.

　통계청이 발표한 「2009년 고용동향」에 따르면 작년 한 해 자영업자 수는 26만 명이나 줄었다. 새롭게 창업을 한 곳도 있을 테니까 장사가 안되어 사업을 접은 자영업자 수는 훨씬 더 많았을 것이다. 2010년에는 또 12만 명이 감소했다.

　외환위기가 맹위를 떨치던 1998년에 자영업자는 28만 명 감소했지만 그 이듬해인 1999년에 9만 명이 증가해 자영업 경기가 회복됐다.

이와 비교해보면 2009년과 2010년의 자영업 경기는 외환위기 때보다 더 심각함을 알 수 있다.

카드대란으로 내수침체가 극심했던 2003년에는 자영업자가 15만 명이 줄었는데 그다음 해인 2004년에는 7만 명이 증가했다. 카드대란 때와 비교하면 지금의 자영업 경기가 두 배 이상 어렵다는 것도 확인할 수 있다.

자영업의 급격한 몰락에 대해 혹자는 자영업의 공급과잉을 거론하고, 또 누군가는 온라인 쇼핑 등 소비패턴의 변화를 들어 시대적 흐름이라고 치부할지도 모른다. 그러나 자영업 공급과잉이나 온라인 쇼핑은 어제오늘 갑자기 생긴 현상이 아니라 10년 전부터 있었던 일들이다. 그러므로 2009년 이후 자영업의 갑작스러운 몰락을 제대로 설명하지 못한다.

얼마 전 자영업자 간담회에서 동네 슈퍼를 운영하는 분에게 그 대답을 들을 수 있었다. "2~3년 전만 해도 사람들이 2,000~3,000원짜리 물건을 주로 사갔는데, 요즘은 1,000~2,000원짜리가 많이 팔린다. 그만큼 사람들의 주머니 사정이 나빠졌기 때문이다."

자영업이 어려운 이유는 서민들의 지갑이 얇아졌기 때문이라는 말이다. 소득이 감소하자 서민들은 씀씀이를 줄일 수밖에 없었고, 따라서 서민을 상대로 장사하는 자영업자들은 장사가 안되어 몇 집 건너 한 곳이 문을 닫을 수밖에 없다는 것이다.

그러면 서민들의 소득이 급격하게 줄어든 이유는 무엇일까? 정부는 "글로벌 금융위기 때문"이라고 서둘러 변명을 둘러댈 것이다. 그러나 삼성전자를 중심으로 한 수출 대기업들은 금융위기 이전보다

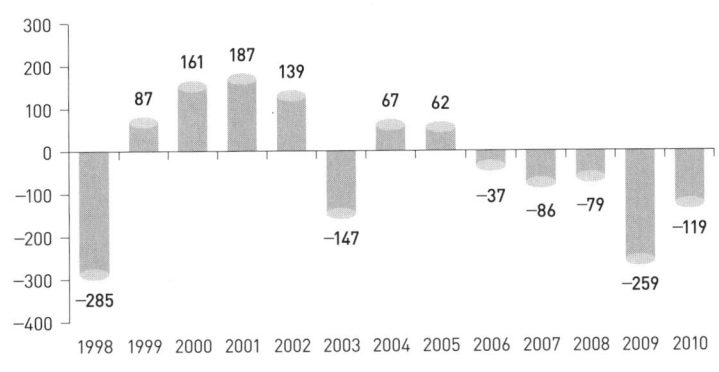

자료: 통계청

오히려 이익이 더 늘고 있다. 세계 경제가 극도로 침체됐는데 수출기업은 이익이 늘고, 가계의 소득은 줄어드는 현상은 이해할 수 없는 일이다.

　진짜 이유는 MB정부의 고환율정책이다. 서민들의 일상생활과 여가생활 곳곳에 환율 상승의 영향이 미친다. GDP에서 수입이 차지하는 비율이 45%를 넘는 개방경제이므로 환율 상승의 영향은 더 클 수밖에 없다. 환율 상승으로 소득이 줄어든 가계가 소비를 줄이자 서민을 상대로 장사하는 자영업자들이 직접적으로 영향을 받아 극도의 고통을 겪는 것이다.

　서민의 소득 감소 말고도 자영업자들이 겪는 고통은 또 있다. 물가가 급등해 재료비와 인건비가 상승하는 것이다. 시장 지배력이 있는 대기업들은 환율 상승으로 발생하는 비용 상승분을 즉각 판매가격에 반영하고 있지만, 자영업은 그럴 상황이 못 된다. 판매가격을 인상하면 가뜩이나 안되는 장사가 더 어려워질 것이므로 물건값을 올리지 못하고 비용 상승을 고스란히 떠안을 수밖에 없다. 현재 자영업자들은 장사가 안되어 매출이 급감하고, 비용이 증가해 이익은 더 많이 줄어드는 이중고를 겪고 있다.

2010. 7. 19, 내일신문

MB정부의
자영업 지원정책

'자영업자, 한나라당에 등 돌리다.'

2011년 8월 10일 자 《내일신문》의 머리기사다. 지난 대선에서는 수도권 자영업자들의 58.2%가 이명박 대통령에게 투표했지만, 2012년 대선에서는 한나라당(현재 새누리당) 후보를 지지하겠다는 답변이 20.5%에 불과하다는 여론조사가 뒤따른다. 수도권 자영업자들이 대통령과 한나라당에 등을 돌린 이유는 '한나라당의 정책이 마음에 들지 않아서'가 43%였고, '이 대통령에게 실망해서'라는 이유가 29.9%였다.

같은 신문의 전문가 기고란에서는 한국노동연구원의 조사를 인용해 '국민 기초생활 수급대상자의 선정기준인 월소득 126만 원에 미치지 못하는 자영업자가 무려 30.3%'라고 덧붙인다. 사실 이 정도는 양반이다. 장사가 안되어 더 이상 버티지 못하고 문을 닫는 곳이 몇 집 건너 한 집이 나올 정도로 자영업 경기는 극도로 침체됐다.

고환율정책이 가계소득을 수출 대기업의 이익으로 이전시킨 것은 길게 설명하지 않아도 다 아는 사실이다. 단순하게 계산해도 MB정부 출범 후 2년 반 동안 고환율정책으로 약 150조 원의 가계소득이 감소했다. 4인 가족 기준으로 한 가구당 1,250만 원이나 소득이 감소했으니 가계소비가 크게 줄 수밖에 없었고, 서민을 대상으로 장사하는 자영업 경기는 바닥을 모르고 아래로 끝없이 추락한 것이다. 이런 사정이니 수도권 자영업자들은 '한나라당 정책이 마음에 들지 않고', '대통령에 실망할' 수밖에 없다.

MB정부가 자영업자들을 위해 한 일이 있기는 할까? 하나 있기는 하다. 작년 7월부터 시행한 '햇살론'이라는 고금리 대출이 그것이다. 고환율정책으로 자영업자들이 줄줄이 도산하자 위기를 느낀 MB정부가 부랴부랴 고금리 대출을 제공해 도산사태를 잠시 미루려고 했던 정책이 바로 '햇살론'이다.

자영업자들에게 저금리로 대출을 해주는 정책은 이미 노무현 정부 시절부터 있었다. '소상공인 정책자금'이라는 이름으로 은행금리보다 훨씬 낮은 3~4%의 저금리로 5,000만 원까지 자금을 제공했고, 담보가 없는 자영업자에게는 신용보증까지 제공했다.

MB정부 들어 자영업 경기가 날로 악화되어 자금 사정이 나빠지자 기존의 '소상공인 정책자금'이 턱없이 부족해졌다. 이럴 때 그 자금을 증액해서 사정이 어려운 자영업자들을 도와주는 것이 정부가 해야 할 일인데, MB정부는 11%가 넘는 고금리 대출을 그들에게 알선한 것이다.

지난 3년간 MB정부는 68조 원에 달하는 재정적자를 내어 부자들과 대기업에는 거액의 세금을 돌려주고, 수출 대기업에는 고환율로 150조 원이 넘는 이익을 몰아줬다. 그 결과 백화점의 명품 코너는 발 디딜 틈이 없고, 외제차 수입은 작년에만 50% 이상 증가하는 호황을 누리고 있다.

그런데 경기침체로 고통받는 자영업자들에게는 고금리 대출을 주 선한 것이 전부다. 2011년 하반기 '햇살론'의 만기가 돌아오면 원금에 더해 고리의 이자까지 지급할 여력이 없는 자영업자들이 대다수일 것 이다. 그땐 MB정부가 또 어떤 임시방편적 대응책을 내놓을지 궁금 해진다.

자영업은 서민들의 마지막 생계수단이다. 그것마저 안되어 문을 닫 으면 가족의 생계가 막막해지고 막다른 골목으로 몰리는 것이 자영 업의 현실이다.

부자들과 수출 대기업에 베푼 혜택의 백분지 일이라도 자영업자들 에게 돌려주어 벼랑 끝에서 구해주는 것이 정부의 도리가 아닐까?

2011. 8. 29. 내일신문

사실상 국가부채
1,637조 원

:

"우리나라의 사실상 국가부채는 1,637조 원에 달한다."

국정감사에서 이한구 한나라당 의원이 한 말이다. 1,637조 원이라니 상상도 가지 않는 천문학적인 액수다. 4인 가구로 치면 한 가구당 1억 3,640만 원이라는 엄청난 금액이다. 만약 야당의원이 이런 말을 했다면 정치공세로 몰아붙일 수도 있겠지만 여당의 중진의원, 그것도 한나라당에서 둘째가라면 서러워할 경제 전문가의 입에서 나온 말이기에 무시할 수 없는 발언이다.

물론 정부는 말도 안 되는 이야기로 치부한다. 정부는 국가의 직접 부채가 360조 원밖에 되지 않으니 얼마든지 재정적자를 더 내도 문제가 없다고 대놓고 말한다. 실제로 2009년에는 43조 원의 재정적자가 발생했고, 2010년 상반기에만도 또 29조 원의 재정적자를 냈다. 말 그대로 빚을 내서 미래의 세금을 물 쓰듯 펑펑 써대고 있다.

이한구 의원이 말한 '사실상 국가부채 1,637조 원'이란 말의 뜻은 정부가 말하는 국가 직접부채 360조 원 외에 국가부채가 더 있다는 것이다. 공공기관부채와 4대 공적연금 부족액이 그것이다.

공공기관부채는 2009년 말에 311조 원으로 국가 직접부채와 거의 맞먹는 금액이다. 120조 원의 부채를 짊어지고 부실기관으로 전락한 LH공사에 2011년 국가 예산에서 수조 원을 지원하기로 한 것은 공공기관부채가 최종적으로 국가가 책임져야 할 국가부채라는 사실을 말해준다.

더 심각한 것은 4대 공적연금 부족액이다. 2009년 정부의 재정수입은 225조 원인데 재정지출이 268조 원이었다. 즉, 재정적자가 43조 원에 달한 것이다. 그런데 정부는 국민연금 등 공적연금의 흑자 26조 원을 자기 돈처럼 끌어다 쓰고는 재정적자가 17조 원이라고 발표했다.

지금은 국민연금을 내는 사람이 받아가는 사람보다 많아서 흑자지만 오래 지나지 않아서 지급이 수입을 초과할 것이고, 또 얼마가 지나면 국민연금의 재원은 고갈될 것이다. 그때가 되면 정부는 마치 자기 돈처럼 가져다 쓴 돈을 나 몰라라 할 것인가? 정부가 국민연금에서 끌어쓴 돈은 국가부채가 아니라고 말하는 것은 국민연금 재원이 바닥났을 때 부족액을 국가에서 지급하지 않겠다고 말하는 것과 같다.

국민연금뿐이 아니다. 공무원연금과 사학연금 역시 국가가 책임져야 할 공적연금이다. 이들은 이미 적자로 돌아섰고 국민의 세금으로 매년 부족한 재원을 메우고 있다. 이뿐만이 아니다. 건강보험 역시 인구 고령화가 급속히 진행되면 재원이 빠르게 고갈될 것이고 그때는 국민의 세금으로 메워야 한다.

조목조목 따져보니 이한구 의원이 지적한 1,637조 원은 '사실상' 국가가 책임져야 할 국가부채라는 것이 분명해졌다. 지금 우리 세대가 이 부채를 책임지지 않으면 다음 세대가 천문학적인 부채를 물려받을 수밖에 없다. 마땅한 일자리도 찾지 못해 비정규직으로 전전긍긍하는 젊은 세대들에게 엄청난 부채를 부담시키는 것은 무책임의 극치다.

재정적자가 급증한 까닭은 MB정부가 4대강 사업과 대형 건설사의 미분양 아파트 매입 등을 위해 정부재정을 물쓰듯 펑펑 쓴 것이 주된 이유지만, 부자 감세도 큰 몫을 했다. MB정부는 '경제성장'이란 거짓 슬로건을 내세우면서 출범하자마자 대기업과 부자들에게 세금을 마구 돌려줬다. 그 결과 국가부채가 급증했다.

다음 세대에 국가부채를 물려주지 않기 위해서는 지금 당장 재정적자를 줄여야 한다. 그리고 재정적자를 줄이는 첫걸음은 부자와 대기업에 돌려준 세금을 다시 거두는 것이다.

2010. 10. 13. 내일신문

재정적자에 기댄
최고 성장률

:

 '2010년 6.1% 성장, 8년 만에 최고 성장률', 'LH 빚 109조, 나랏빚에 안 넣는다.'

 2011년 1월 27일 모든 신문이 일제히 경제면의 머리기사로 뽑은 두 개의 기사 제목이다. '놀랄 만한 경제성장률'과 '심히 우려되는 국가부채 문제'는 언뜻 보기에 아무 상관없어 보이지만 사실은 한 뿌리에서 자라난 쌍둥이 같은 존재다.

 경제학에 관심 있는 사람이라면 알고 있을 항등식으로 'GDP 구성 공식'이라는 것이 있다. 한 국가의 GDP는 가계소비, 기업투자, 정부지출 및 순수출의 합계 총액과 같다는 것이다. 그리고 이 네 부문의 지출이 증가하면 GDP가 증가하며, 이는 경제성장을 의미한다.

 그런데 정부지출이 늘면 경제는 성장할까? 정상적인 경우라면 정부지출의 재원은 세금이다. 그러므로 정부가 지출을 늘리면 세금이 증가할 수밖에 없고 따라서 가계소비와 기업투자가 감소해 경제는 성장하지 못한다. 그런 정부가 경제성장에 기여하는 방법이 있다. 재정적자를 내는 것이다. 가령 정부가 가계와 기업으로부터 250조 원의 세금을 거두어서 300조 원을 지출하면 GDP는 50조 원만큼 증가한다. 정부가 적자를 많이 낼수록 경제가 더 많이 성장하는 아이러니가 경제 현실에서는 버젓이 성립한다.

2010년 MB정부는 13조 원의 재정적자를 냈다. GDP의 1%가 넘는 금액이다. 그뿐이 아니다. 건설경기를 부양하느라 무리하게 사업을 펼치다 빚이 109조 원으로 불어난 LH공사나, 정부 대신 4대강 사업을 떠맡는 바람에 적자가 눈덩이처럼 불어나고 있는 수자원공사 등 공기업의 적자를 합친다면 실질적인 재정적자는 몇 배 더 증가할 것이다.

이런 천문학적인 재정적자 덕분에 2010년 경제성장률은 6.3%를 기록했다. MB정부는 8년 만에 최고의 성장률이라고 자랑했지만 속내를 들여다보면 실질적인 재정적자에 기댄 성장이었다.

흔히들 재정적자를 개인이 급한 일이 생겨 회사에서 가불을 내는 것에 비유하곤 한다. 봉급이 400만 원인 사람이 100만 원의 가불을 내면 그달의 소득은 500만 원이 되지만 다음 달에는 300만 원으로 이전 달보다 200만 원이나 줄어드는 것과 같은 이치다.

MB정부는 출범하자마자부터 역대 정부와는 비교할 수 없을 정도의 재정적자를 내기 시작했다. 2008년 12조 원에 이어 2009년에는 무려 43조 원의 재정적자를 냈다. 2010년의 13조 원을 합하면 모두 68조 원에 달한다. 그만큼 나랏빚이 증가했음은 두말할 필요가 없다. MB정부는 임기 동안 재정적자를 더 내서 경제성장률을 올리는

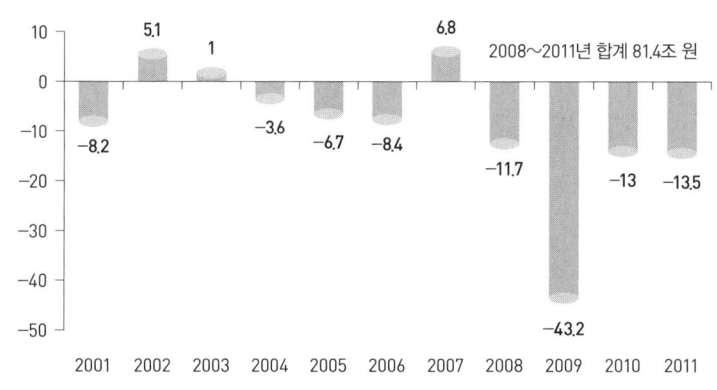

〈그림 2-8〉 재정적자 　　　　　　　　　　　　　　　　　　　　　　단위: 조 원

자료: 기획재정부

데만 급급할 뿐 나랏빚을 갚을 생각은 추호도 없는 것 같다.

　MB정부가 벌려놓은 천문학적인 재정적자를 갚는 일은 다음 정부의 몫이 될 것이다. 그러면 경제성장률은 낮은 수준에 머물거나 혹은 마이너스로 떨어질 가능성이 높다. 그래서 재정적자에 기댄 성장을 가리켜 '미래의 성장을 미리 당겨 성장한 것'이라 이르는 것이다.

　재정적자란 곧 나랏빚이다. 그리고 빚은 언젠가는 갚아야 할 돈이다. 지난 3년간 MB정부가 거침없이 적자를 내서 쓴 돈은 조만간 국민이 세금으로 갚아야 한다. 68조 원에 이르는 재정적자를 4인 가족 기준으로 나누면 한 가구당 544만 원에 달하는 엄청난 금액이다. 10여 년 전 국민이 '금 모으기 운동'으로 외환위기를 헤쳐나갔듯이 '나랏빚 갚기 운동'을 또다시 펼쳐야 할 날이 머지않았다.

2011. 2. 7, 내일신문

청년 일자리 창출에
올인하자

:
:

'취업 못 해서 졸업식도 참석 못 한다.'

며칠 전 국내신문에 대문짝만 하게 실린 기사 제목이다. 곧 졸업할 자식을 둔 부모로서 가슴이 아려온다. 내 맘이 이럴진대 정작 대학을 졸업하고도 취직을 못 하는 본인과 그 부모들의 심정이야 더 말해 무엇하랴. 수많은 부모의 가슴을 저미는 소식은 이뿐만이 아니다. '2010년 대학 졸업생 중 고작 55%만 취업했다'는 기사가 그 뒤를 따른다.

심각한 문제는 따로 있다. 한국교육개발원의 자료에 의하면 2008년 대학 졸업자 중 대기업 정규직 취업자는 4만 8,000명이었다. 그해 대학을 졸업한 졸업생이 55만 8,000명이었으니 고작 8.6%만이 자신들이 원하는 직장에 들어갈 수 있었던 것이다.

사태가 이 지경에 이르렀는데 도대체 정부는 무엇을 하고 있는 것일까? 정부가 발표한 통계를 보면 청년층 실업률이 8.5%라고 한다.

대학 졸업자의 절반가량이 취업을 못하는 판인데 청년실업률이 8.5%라니 정부 통계에 대한 국민의 신뢰가 땅으로 떨어질 수밖에 없는 현실을 또다시 확인한다. 정작 MB정부는 이 수치를 믿고 있는 모양이다. 대학 졸업자와 그 부모들의 비탄에 빠진 심정을 해소할 아무런 행동도 취하지 않고 있으니 말이다.

정말 정부가 청년실업 해결을 위해 할 수 있는 일이 없을까? 사실 해마다 300조 원이라는 상상을 초월하는 예산을 집행하는 정부가 마음만 먹으면 청년실업의 고통을 해소하기 위해 할 수 있는 일은 아주 많다. 다만 MB정부는 그런 의지가 눈곱만큼도 없는 것 같아 안타까울 뿐이다.

대다수 국민의 거센 반대를 무시하고 MB정부가 일로매진하고 있는 '4대강 사업'을 보자. 정부의 발표로는 그 사업에 22조 5,000억 원이 들어간다고 한다. 하지만 실제로는 훨씬 더 많은 돈을 쏟아부을 것이다. 무릇 치밀한 검토도 없이 서둘러서 벌리는 일일수록 효과는 반감되고 비용은 더 많이 들어가는 것이 세상 이치니까 말이다.

4대강 사업에 들어가는 예산을 청년 일자리 창출에 투자한다면 어떨까? 일자리를 만드는 곳은 기업이다. 그중에서도 중소기업이 일자리의 88%를 만들고 있다. 4대강 사업 예산인 22조 5,000억 원을 10만 개의 중소기업에 각각 2억 2,500만 원씩 투자한다면 엄청난 수의 일자리가 만들어질 것이다.

오랜 기간 중소기업 관련 분야에서 일해온 내 경험에 의하면 중소기업에 1억 원의 자금이 투입되면 1~2명의 추가 고용이 발생한다. 단순하게 계산을 해봐도 22조 5,000억 원의 투자로 최소 22만, 최대

44만 개의 일자리가 만들어지는 것이다. 게다가 은행대출이 아니라 원금과 이자 상환의 부담이 없는 투자를 받는다면 그 중소기업은 기술개발과 사업성장에 매진할 수 있을 것이고, 더 많은 그리고 더 좋은 일자리를 창출할 것이 틀림없다.

이처럼 청년 일자리를 창출할 분명한 방법이 있는데도 MB정부는 강바닥을 파고 보를 쌓는 데만 국민의 세금을 쏟아붓고 있다. 4대강 사업으로 대형 건설사들이 막대한 이익을 챙겼다는 이야기는 귀가 따갑도록 들리지만, 청년들의 일자리가 만들어졌다는 소식은 아무리 귀를 활짝 열어도 들리지 않는다.

끔찍한 사실은 또 있다. MB정부 들어 재정적자가 눈사태처럼 불어나고 있다. 출범 첫해인 2008년에 12조 원의 재정적자를 내더니 2009년에는 43조 원이라는 상상조차 힘든 재정적자를 냈다. 그리고 2010년에도 적자는 13조 원에 달했다. MB정부 출범 3년 만에 무려 68조 원에 달하는 재정적자를 냈고, 그만큼 국가부채는 폭증했다. 4인 가족 기준으로 한 가구당 544만 원의 세금을 더 내야 갚을 수 있는 엄청난 금액이다.

MB정부가 남은 기간에 재정적자를 갚을 리 없을 테니 빚을 갚아야 하는 부담은 고스란히 다음 세대로 떠넘겨질 것이다. 청년들에게 일자리 만들어주기는 고사하고, 4대강 사업과 부자 감세 그리고 대형 건설사 지원으로 천문학적인 빚을 떠넘긴 것이 MB정부가 그동안 한 일이다.

충청남도에만 22만 명의 대학생이 있다. 매년 5만여 명이 졸업한다. 그들 중 절반이 넘는 젊은이들이 백수로 남아 있다. 무릇 자식을 둔 부모라면 청년 일자리 창출에 관심을 쏟는 것이 당연하다. 그 첫 걸음으로 4대강 바닥을 파헤치는 데 퍼붓는 세금을 중소기업에 투자하도록 전 국민 서명운동이라도 벌여야 하지 않을까?

2011. 2. 27. 대전일보

가계소득 증대를 위한 경제정책 방향은?

2008~2011년의 4년간 경제성장률 합계는 12.4%였다. 경제 이론에 의하면 경제성장률이 12.4%면 전체 국민소득도 12.4% 증가한다. 진짜 성장은 국민의 소득이 증가하는 것이다.

정부의 통계를 토대로 계산해보면 경제활동인구의 68.5%를 차지하는 임금 노동자의 명목임금은 2008~2011년 4년간 8.8% 증가했고, 단순평균법으로 계산한 MB 물가지수는 26.5% 상승했다. 임금 노동자의 실질소득이 4년간 17.7% 감소한 것이다. 경제활동인구의 28%인 자영업자는 명목소득마저 감소했다. MB정부 들어 국민의 소득이 많이 감소했으니, MB정부가 내세우는 12.4%의 성장은 가짜 성장인 것이다.

MB정부 5년간 대다수 국민의 소득이 많이 감소한 이유는 무엇이며, 감소한 소득을 되찾으려면 다음 정부가 어떤 정책을 펴야 할까? MB정부에서 국민의 소득을 감소시킨 주범은 고환율이다. 그러므로 가장 먼저 고환율정책을 폐기해야 한다. 5년간 고환율로 감소한 가계소득이 총 279조 원에 달한다. 4인 가족 한 가구당 2,232만 원이라는 엄청난 금액이다. 환율이 제자리를 찾는다면 가계소득은 그만큼 증가할 것이다.

가계의 소득을 증가시키는 다른 방법은 경제활동인구의 68.5%

인 임금 노동자의 임금을 올리는 것이다. 임금 노동자의 대부분은 중소기업에 근무한다. 그러므로 노동자의 임금이 오르기 위해서는 먼저 중소기업의 이익이 증가해야 한다. 중소기업 관련 분야에서 오랫동안 일해온 나의 경험으로 판단하건대 중소기업의 이익이 늘면 경영자는 대부분 종업원의 월급 혹은 성과급여를 인상한다. 문제는 중소기업의 경영 상황이 그다지 여유롭지 않다는 것이다.

매출과 이익 면에서 상대적으로 우수한 기업들이 모여 있는 상장기업의 이익 상황을 보면, 한국 중소기업의 경영 상황을 한눈에 볼 수 있다. 2011년 금융업을 제외한 12월 결산법인 616개사의 순이익을 모두 합하면 45조 원이었는데, 그중 상위 10개사의 순이익이 32조 원이었다. 즉, 10개 대기업이 상장기업 전체 순이익의 71%를 차지한다. 그 외에도 30대 그룹에 속한 대기업의 이익을 제하고 나면, 중소기업의 순이익은 다 합해봐야 얼마 되지 않는다.

왜 중소기업들이 이익을 내지 못하고 있을까? 2011년 국내외의 경제 상황이 중소기업 경영에 우호적이지 않았던 것은 수많은 이유 중 하나일 뿐이다. 모두 알고 있다시피 가장 중요한 이유는 대기업과 중소기업 간의 불평등한 거래구조다. 만약 거래관계가 정상적으로 개선되어 소수 대기업에 집중된 이익이 납품 중소기업들에 공평하게 나누어진다면, 중소기업 종업원들의 임금이 크게 오를 것이며 그 결과 가계소득이 많이 증가할 것이다.

임금 노동자의 소득이 증가하면 가계소비도 증가해 침체된 내수가 활성화될 것이다. 그렇게 되면 경제활동인구의 28%인 자영업자들의 사업소득이 증가할 것이고 경제성장률 역시 높아질 것이다.

MB정부의 고환율정책을 폐기하고 '대기업·중소기업 동반성장'을 제대로 추진하는 것이 가계와 자영업자의 소득을 증가시키는 지름길이다. 그러나 그 길은 절대 순탄치 않을 것이다. 왜냐하면 고환율정책 폐기와 동반성장정책으로 큰 손해를 봐야 하는 곳이 있기 때문이다. 손해를 보는 쪽이 대기업들이므로 그들의 저항은 거셀 것이다.

그러므로 다음 정권은 이런 저항에 굴하지 않고 대다수 국민의 이익을 위해 굳건히 경제정책을 추진할 강한 의지가 있어야 한다.

PART 3

물가 상승의 주범,
저금리·고환율정책

경기가 침체 되면 좋은 점도 하나 있는데 무엇일까?

무슨 황당한 질문이냐는 사람도 있겠지만, 경제 이론을 살펴보면 분명 대답이 존재한다. 경기침체가 무엇인지 생각해보면 금방 대답이 떠오를 것이다.

경기침체를 한마디로 표현하면 가계소득은 감소하고 기업은 만든 물건이 팔리지 않아서 고통받는 상황이다. 기업의 생산능력은 충분한데 수요가 부족해서 물건이 팔리지 않으므로 가격을 낮추어서 물건을 팔려고 한다. 그러므로 물가가 하락하는 것이 경기침체 시 발생하는 현상이다.

금융위기 이후 주요 국가들의 물가 사정을 살펴보면 이런 현상을 볼 수 있다. 경기침체가 극심했던 2009년 미국과 일본은 물가가 하락했다. 경기침체로 소득이 감소해서 고통받는 국민은 물가라도 하락했으니 그나마 고통이 반감되었을 것이다. 경제성장률이 9%가 넘었던 중국마저도 물가가 하락했다.

한국 역시 물가가 하락했을까? 여론조사를 할 때마다 사람들은 가장 큰 고통을 주는 요인이 물가 급등이라고 응답했다. 왜 MB정부 들어 가계소득이 급락하는데도 물가가 급등하는 기이한 현상이 발생했을까?

MB정부는 "국제 원자재가격 상승 때문"이라고 변명할 것이다. 과연 그럴까? 만약 그 말이 사실이라면 다른 국가들도 물가가 올라야 하는데, 왜 한국만 물가가 급등했을까?

MB정부는 국민의 물가고통을 덜어주기 위해 최소한의 노력이라도 기울였을까? 대통령의 입에서 "물가가 서민 경제에 중요하다"거나 "경제성장 못지않게 물가안정이 중요하다"는 말은 여러 번 들었다. 그 말처럼 물가안정을 위한 행동이 뒤따랐을까? 정부의 행동이란 바로 정책인데, MB정부는 오히려 물가 상승을 부추기는 경제정책을 편 것은 아닐까?

PART 3에서는 MB정부 들어 한국만 물가가 급등한 진짜 이유가 무엇인지, MB정부의 경제정책 중 트레이드 마크라 할 고환율정책과 저금리정책이 물가에 어떤 영향을 미쳤는지에 관한 글을 모았다.

한국의 물가 불안,
선진국 중 최악

:

"2012년 한국 물가 상승률 선진국 중 최고 수준 될 것"

2010년 10월 18일 IMF가 발표한 자료에 의하면 한국의 물가는 향후 고공 행진을 계속해서 2년 후에는 33개 선진국 중에서도 가장 높은 수준일 것이라고 했다.

2010년 한국의 물가 상승률은 3.1%를 기록해 아이슬란드 5.9%, 그리스 4.6%에 이어 세 번째로 높고, 앞으로도 3%가 넘는 고물가를 지속해서 2012년 이후에는 선진국 중 최악의 물가 상승률을 기록할 것이라는 게 IMF의 전망이다.

사실 지금 같은 불황기에는 물가가 하락해야 정상이다. 기업들은 호황기에 생산설비를 크게 늘렸는데, 불경기가 되어 가계소비가 감소하면 물건에 대한 수요도 줄어든다. 자연히 기업들은 물건의 가격을 낮추어 하나라도 더 팔려고 한다.

글로벌 금융위기의 한파가 전 세계를 휩쓴 2009년 주요 국가의 물가를 보면 이런 사실을 확인할 수 있다. IMF의 통계를 보면 2009년 OECD 국가의 물가는 평균 0.5% 상승했다. 미국은 0.3% 하락했고 일본은 1.4% 하락했다. 경제성장률이 9%에 달했던 중국마저 0.7% 하락했다. 이마저도 지독한 경기침체에서 벗어나기 위해 주요 국가들이 공격적으로 통화를 증가시킴으로써 물가하락 효과가 반감한 결과다.

그런데 2009년 한국은 물가가 2.8%나 상승했다. 한국 역시 금융위기에 따른 경기침체를 겪었고 다른 국가들 못지않게 국민소득이 감소했다. 그런데 다른 국가와 달리 한국만 유독 물가가 상승했다. 경제 이론에 맞지 않는 기이한 현상으로 한국 국민은 다른 국가의 국민과는 달리 이중고를 겪은 것이다.

노무현 정부 시절의 물가 상승률을 다른 국가의 상황과 비교해보면 흥미로운 사실을 발견할 수 있다. 2005~2007년 3년간 한국의 평균 물가 상승률은 2.5%였다. 같은 기간 미국의 평균 물가 상승률은 3.1%였고 유럽은 2.2%였다. 노무현 정부 시절에는 물가가 유럽보다 소폭 더 올랐지만, 미국에는 미치지 못했다.

그런데 MB정부가 집권한 직후부터 물가가 급등했고, 미국과 유럽 등 다른 국가의 물가 상승률을 앞질렀다. 2008~2010년 3년간 한국의 소비자물가 상승률은 평균 3.5%였다. 같은 기간 미국은 평균 1.7% 상승했고, 유럽 역시 1.7%의 물가 상승률을 보였다.

노무현 정부 때는 물가 상승률이 미국과 유럽의 평균에 못 미쳤는데 MB정부 들어 미국과 유럽의 두 배를 넘으니, 도대체 무슨 이유인지 궁금증이 치솟는다.

MB정부 집권 이후 물가가 급등한 것은 경제 이론에도 맞지 않는

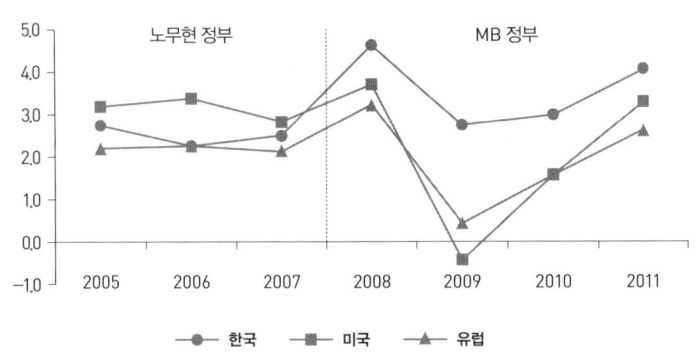

<그림 3-1> 한국, 미국, 유럽의 물가 상승률 비교   단위: %

자료: 기획재정부

현상이고, 또 미국과 유럽 등 다른 국가와 비교해봐도 상식에 맞지 않
는 기이한 현상이다. 더구나 그런 기이한 현상으로 국민은 극심한 고
통을 겪고 있다.

　물가가 매년 3.5% 오르는 것이 그렇게 심각한 일이냐고 반문하는
사람도 있을 것이다. 그러나 국민이 체감하는 물가지수 상승률은 정
부가 발표하는 것보다 두 배는 더 크다. 어느 국가든 정부가 발표하는
물가 상승률과 국민이 실생활에서 체감하는 물가 상승률의 차이가
큰 것은 물가를 산정하는 방법에 문제가 있기 때문이다. 경제학자들
마저도 정부가 발표한 물가 상승률이란 하나의 수치일 뿐이고, 실제
의 물가 상승을 나타내지 못한다고 말한다.

　정부의 물가지수 산정방법의 구조적 모순을 보여주는 사례 하나만
들어보자. 휴대전화는 새 제품이 출시되고 나서 몇 년 이내에 새로운
제품이 출시된다. 새로운 제품은 이전 제품보다 훨씬 비싼 가격에 판

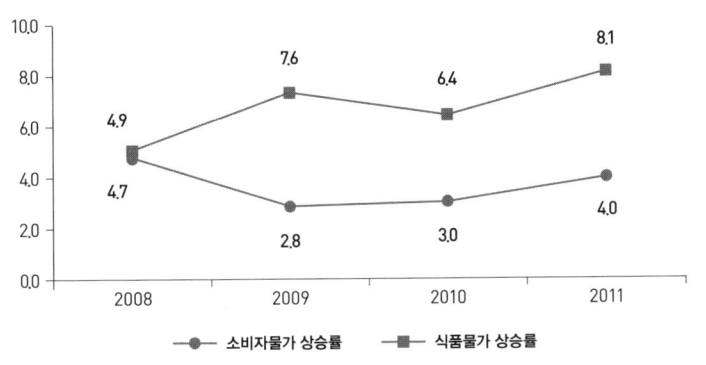

〈그림 3-2〉 MB정부 4년간 소비자물가와 식품물가의 상승률　　　　　　　단위: %

자료: 통계청, OECD

매된다. 당연히 소비자들이 휴대전화를 구매하기 위해 지출하는 비용이 급증한다.

그런데 정부의 물가산정 방법은 이런 비용상승을 물가지수 계산에 포함하지 않는다. 새로운 제품이기 때문에 이전 제품의 가격이 오른 것으로 계산하지 않고, 완전히 다른 제품으로 간주해 새롭게 물가지수 계산을 시작하는 것이다. 그리고 시간이 흐르면서 그 새로운 제품의 가격이 하락하면 물가지수 계산에는 가격 하락이 반영된다. 이처럼 새로운 제품이 출시되어 가격이 급등하는 것은 물가지수에 반영되지 않고, 가격이 하락하는 것만 반영되므로 물가지수는 왜곡될 수밖에 없다.

한국은행이 발표하는 소비자물가 통계에서 휴대전화는 2005년 가격수준을 100으로 할 때 2011년 8월에 47.6으로 하락했다. 소비자의 휴대전화 구입 비용은 많이 증가했는데, 소비자물가에는 가격이 절반 이하로 하락한 것으로 반영되고 있다. TV와 컴퓨터 등 전자제품은 물론, 신발이나 의류 같은 제조품들도 휴대전화와 같은 가격변동 사이클을 거치므로 물가지수를 왜곡한다.

채소, 과일, 생선 같은 농수산품이나 짜장면, 피자 같은 식료품처럼 신제품이 나오기 어려운 물건의 가격변동만 물가지수 산정에 제대로 반영된다. 그러므로 이런 생활필수품의 가격 상승률이 정부가 발표하는 물가지수보다 더 현실을 제대로 반영하고 있다.

정부가 발표하는 물가와 생활필수품의 물가를 비교해보면 이 사실을 실감할 수 있다. 정부가 발표하는 소비자물가지수는 2008년부터 2010년까지 3년간 10.9% 올랐는데, 같은 기간 식품물가는 20.1% 상승했다. 식품물가가 소비자물가보다 두 배나 더 올랐음을 알 수 있다.

경제 이론에도 맞지 않고, 다른 주요 국가들에는 나타나지 않는 괴이한 현상이 왜 하필 한국에서만 발생한 것일까? 물가를 좌우하는 것은 정부의 경제정책이다. MB정부의 경제정책으로 인해 경기가 침체했음에도 불구하고 한국에서만 유독 물가마저 급등해 국민은 이중고를 겪고 있다.

2010. 10. 25. 내일신문

IMF의
강력한 금리 인상 권고

IMF가 2010년 7월 6일 「2010년 한국에 대한 경제정책 자문」을 발표했다. 6월 23일부터 7월 6일까지 14일간 경제정책을 책임진 고위직들을 두루 면담한 직후 발표한 것이다. 핵심 내용은 "금리가 매우 낮으므로 신속하게 큰 폭으로 금리 인상을 단행해야 한다"는 것이다.

IMF는 매년 한국 경제에 대해 심도 있는 조사와 분석을 하고 그 결과를 토대로 경제정책에 대한 자문을 발표한다. 정부와 한국은행의 고위직은 물론 한국개발연구원 등 여러 연구기관과도 면담해서 의견을 청취하므로 다른 국제기관의 보고서보다 더 귀 기울일 만한 내용을 담고 있다. 더구나 IMF가 경제정책에 자문하는 국가에는 중국 등 신흥국가뿐만 아니라 미국, 유럽, 일본 등의 선진국도 포함될 정도로 그 권위를 인정받는다.

정책 자문의 내용을 요약한 발표문을 보면 '금리 인상'에 대한 내용이 거의 대부분이다. 앞부분의 인사치레성 발언을 제외하면 금리 인상에 대한 권고와 그렇지 않았을 경우 초래될 결과에 대한 경고가 대부분이다.

"빠른 경제회복 속도에 비추어볼 때 경기부양적인 거시경제정책을 철회하는 것이 적절하다."

"통화정책은 지나치게 완화된 상태다. 경제성장을 지탱하는 데 필요한 수준을 상당히 넘어섰다. 지금은 한국은행이 기준금리의 단계적 인상을 시작해야 할 때다. 그래야만 지나친 부작용을 피할 수 있다. 기준금리의 인상을 시작한 후에도 이미 시작된 경제회복을 지탱하고도 남을 정도로 통화가 완화된 상태다."

한발 더 나아가 IMF는 현재 과다하게 낮은 금리가 향후 한국 경제에 더 큰 위험요소로 대두할 가능성도 언급했다.

"글로벌 금융위기는 '통화정책을 방치하면 자산버블이 팽창하고 경제주체들의 과도한 레버리지가 초래된다'는 사실을 입증했다. 지금 물가수준이 한국은행의 목표범위 안에 있지만, 통화정책의 목표는 물가 관리만이 아니라 자산가격의 버블을 사전에 방지하는 것까지 포함해야 한다."

금리 외에 IMF가 우려한 사항이 하나 더 있다. MB정부의 고환율 정책이다. 그에 관한 내용을 보자.

"국제자금의 불안정한 유출입이 한국 경제를 불안정하게 할 위험성 역시 중요한 관심사항이다. 자본시장이 개방되고 수출의존형 국가인 한국 경제에는 외환시장의 자율성이 아주 중요하다. 만약 그렇지 않으면 환율이 한 방향으로 움직일 것을 외국 투기세력들이 예상해 투기하는 일이 벌어질 수 있다."

한국 경제에 대한 IMF의 진단은 정곡을 찌른다. 그 진단을 토대로 제시한 자문 내용은 단순하고도 명쾌하다. 그 핵심은 '한국이 이미 오래전에 금리 인상을 시작했어야 한다'는 것이다. 지금 한국의 상황은 사상 최저 금리를 17개월간이나 방치해 물가 불안이 어느 국가보다 고조된 상태다. 그러므로 금리 인상이 신속하게 단행되지 않으면 심각한 고통이 뒤따를 것이라는 경고가 담겨 있다.

더구나 지나친 저금리로 경제 주체들의 부채가 과도하게 증가했고, 그 결과 자산가격 버블이 팽창했다. 가계의 부채 상환능력이 서브프라임 사태가 발생했던 시점의 미국보다 훨씬 더 악화됐다. IMF의 말대로라면 한국에 금융위기가 발생할 수도 있다.

비단 IMF뿐만이 아니다. 국내외 경제연구기관들은 오래전부터 금리 인상을 권고했다. 경제성장률이 6%를 넘어서는데 정책금리가 2%인 것은 경제에 문외한인 사람의 눈에도 정상적인 상황은 아니다.

그런데도 한국은행이 금리 인상에 주저하는 이유가 무엇일까? 그 이유를 모르는 사람은 없을 것이다. 대통령이 공개적으로 "출구전략을 시행하지 마라"고 말하는 것을 뉴스를 통해 여러 번 보았을 것이기에 더 그렇다. 사람들의 입에 오르내리듯 한국은행이 '청와대의 남대문 출장소'라는 오명을 떨치지 못하고 있기 때문이다.

IMF의 강력한 권고가 나온 직후인 7월 9일 한국은행은 기준금리를 0.25% 찔끔 인상했다. 이마저도 한국은행의 의지라기보다는 IMF의 강력한 권고 때문이었을 것으로 추측된다. 9월 1일 IMF는 「2010년 한국에 대한 경제정책 자문」을 최종 발표한 직후 가진 기자회견에서 한국의 적정 기준금리는 4% 내외라고 말했다. 앞으로도 2%를 더 올려야 적정 수준이 된다는 이야기다.

그러나 정부와 청와대는 금리 인상을 완강하게 반대할 것이다. 한국은행 신임총재의 의지도 의구심을 자아낸다. 아나나 다를까, 9월 9일 금융통화위원회는 두 달 연속 금리를 동결했다. 금리 인상을 기대했던 금융시장의 예상과도 배치되는 결정이다.

정부는 환율정책에 대한 IMF의 권고에 귀 기울여야 한다. "만약 정부가 외환시장 개입을 지속하면 환투기세력을 불러올 수도 있다"는 충고를 허투루 들어서는 안 될 것이다.

2010. 9. 13. 내일신문

물가와 전쟁,
말이 아닌 행동으로

2011년 첫 국무회의에서 대통령이 '물가와의 전쟁'을 선포했다. 물가 불안이 위험수위를 넘어섰음을 뒤늦게나마 인정한 것이다. 그리고 1월 13일 한국은행은 기준금리를 찔끔 인상했다. 인상 후의 금리 2.75%도 아주 낮은 수준이다. '전쟁'이라는 급박한 상황과는 매우 동떨어진 한가롭기만 한 행동이다. 말로는 '전쟁' 운운하면서도 행동은 뒤따르지 않는 정부를 보며, 국민은 물가 불안으로부터의 해방이 요원한 이야기로만 여겼을 것이다.

2010년 연말 자영업자, 소기업 경영자들과 간담회를 할 때마다 불경기를 호소하는 목소리가 높았다. 장사가 너무 안돼서 먹고 살기가 어렵다는 것이다. "불경기의 원인이 무엇인가?"라고 물으면 한결같이 "물가가 너무 올라 서민들의 살림이 쪼그라들고, 그 여파로 장사가 안 되기 때문이다"라고 입을 모았다.

이미 오래전부터 각종 설문조사 결과는 이런 상황을 뚜렷하게 보여줬다. 2011년 1월 1일 발표된 《매일경제》의 설문조사도 예외는 아니었다. 그해 정부가 추진해야 할 최우선 과제로 '물가안정'을 꼽은 응답자가 무려 39.6%에 달한 것이다. '경기부양(8.7%)'은 물론 '일자리 창출(22.1%)'보다도 훨씬 더 높은 수치였다. 대다수 국민이 물가 상승으로 얼마나 큰 고통을 받고 있는지를 여실히 보여준다.

정부가 발표하는 통계수치에서도 이런 상황을 확인할 수 있다. 2010년 10월 한국의 소비자물가는 4.1%나 상승했다. 실제 국민이 체감하는 물가 상승은 이보다 몇 배 더 컸을 것이다. 지난 2년간 대다수 국민의 소득이 감소했는데, 한술 더 떠서 물가마저 하늘 높은 줄 모르고 치솟았으니 국민의 고통은 배가됐다. 그 결과 위 설문조사 응답자의 42.3%는 "2010년에 경기가 나빠졌다"고 응답했는데, 이는 "경기가 좋았다(14.1%)"보다 무려 세 배가 더 많은 수치였다.

마침내 대통령마저 물가 불안이 위험한 상황에 달했음을 인지하고 '전쟁'이라는 용어까지 사용하기에 이르렀다. 그러나 중요한 것은 말이 아니라 행동이다. 그리고 정부의 행동이란 다름 아닌 정책의 시행이다. 정부가 제대로 된 경제정책을 펼치기만 하면 물가를 잡는 것은 크게 어려운 일이 아니다.

물가를 책임진 정책기관은 한국은행이다. 한국은행이 통화정책을 책임지고 통화정책에 따라 물가가 좌우되기 때문이다. 그런 한국은행의 홈페이지에 가면 얼마 전까지만 해도 눈길을 확 끄는 문구가 있었다.

"물가안정, 국민과의 약속입니다."

홈페이지의 한가운데를 차지하고 있는 대문짝만한 글씨가 말해주는 것은, '물가안정'이 한국은행의 존재 이유라는 사실이다. 물가안정을 이루지 못하면 한국은행은 존재할 이유조차 없다는 준엄한 약속을 국민에게 알리는 문구였다.

그런데 한국은행은 그 약속을 지킬 의지마저 없어진 것 같다. MB 정부가 새로 한국은행 총재를 임명한 직후 그 문구가 사라지고 그 자리에 "물가안정, 한국은행이 추구하는 최고의 가치입니다"라는 애매한 글귀가 대신 채워졌기 때문이다. 어떤 희생을 치르더라도 물가안정을 추진할 의지가 없는 한국은행으로서는 그 약속조차도 부담되었는지 모른다.

2011년 1월 13일 금리를 0.25% 인상한 것으로 한국은행이 국민과의 약속을 이행했다고 생각하는 사람은 없다. 그것은 태산처럼 밀려오는 파도를 널빤지 한 장으로 막겠다는 것과 다를 바 없기 때문이다.

IMF가 2010년 7월 기자회견에서 천명했듯이 한국의 적정 기준금리는 4% 수준이라는 것이 대다수 경제 전문가들의 견해다. 대통령의 입에서 나온 '물가와의 전쟁'이 단지 말치레가 아니라 진정성이 조금이라도 담겼다면, 정부는 금리를 신속히 4%까지 올리는 행동을 취해야 할 것이다.

2011. 1. 17, 내일신문

중국 전격 금리 인상,
한국은?

:

2010년 성탄절에 중국이 전격적으로 금리를 인상했다. 국내 언론은 중국의 금리 인상이 국내 경제에 미칠 영향을 분석하느라 바빴다. 대다수 국내 언론이 내린 결론은 다음과 같았다. "중국이 금리를 인상하면 중국 경제가 위축되고, 중국에 수출하는 한국은 타격을 받을 것이다."

그러나 정작 중요한 것은 중국의 전격적인 금리 인상의 밑바탕에서 작동하는 경제원리를 이해하는 것이다. 그래야만 한국 경제가 어떻게 돌아갈지를 미리 내다볼 수 있다.

왜 중국 정부는 전격적인 금리 인상을 단행했을까? 그 답은 "물가가 많이 올라 중국 국민이 겪는 고통이 크므로 물가를 잡기 위해 금리를 인상했다"이다. 중국의 물가가 얼마나 올랐기에 국민이 고통을 느꼈을까? 2010년 10월 중국의 소비자물가는 4.4% 상승했다. 실제 중국 국민이 체감하는 정도는 그 두 배였을 것이다.

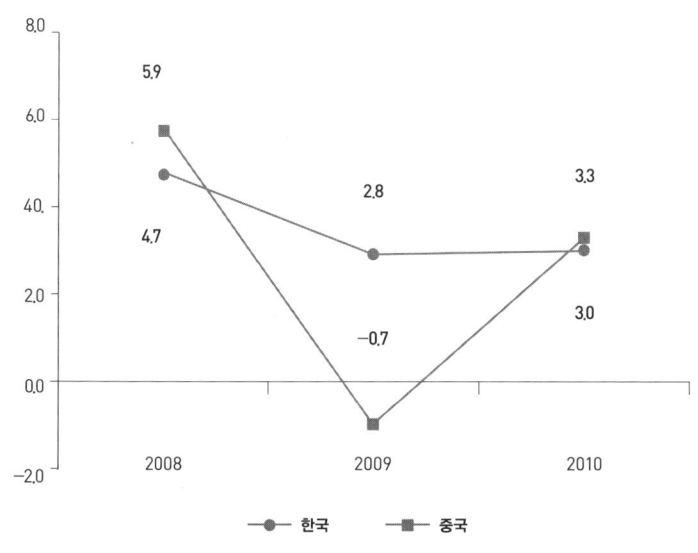

자료: 한국은행

물가가 상승했으니 중국 국민은 큰 고통을 받았을까? 만약 명목소득이 물가 상승률보다 더 올랐다면 실질소득이 증가했을 것이므로 국민의 살림살이는 나아졌을 것이다.

국민소득을 결정하는 가장 중요한 지표인 경제성장률을 보면 중국은 한국보다 훨씬 높은 9% 대를 줄곧 유지하고 있다. 경제성장률보다 더 중요한 것이 임금소득의 증가일 것이다. 한국과 마찬가지로 중국 역시 대다수 국민이 임금소득자이기 때문이다.

중국 정부는 2008~2010년 까지 노동자의 임금을 매년 15%씩 인상했다. 중국의 실제 물가 상승률이 정부가 발표하는 물가지수의 두 배라 하더라도 명목임금은 그보다 두 배나 더 올랐다. 그러니 중국 국민의 살림은 좋아졌을 것이다.

한국의 상황은 어떤가? 2010년 10월 한국의 소비자물가는 4.1% 상승해 물가압력이 중국 못지않았다. 지난 2008~2010년까지 물가 상승을 비교해보면 한국이 오히려 중국보다 물가 불안이 더 컸음을 알 수 있다. 소비자물가지수를 기준으로 해도 2008년 4.7%, 2009년 2.8%, 2010년 3.0%로 3년간 10.9%가 올랐다. 실질적인 물가 상승은 이보다 두 배는 더 될 것이다. 그런데 국민의 주 소득원인 임금은 쥐꼬리만큼 올랐으니 살림이 나빠진 것은 당연한 결과다.

중국은 2010년 초부터 금리 인상을 시작해 연말까지 세 차례나 지급준비율을 인상했다. 그리고 2010년 12월에는 기준금리마저 인상했다. 중국의 전격적인 금리 인상에서 배워야 할 점은 분명하다. 물가가 많이 오르면 어느 정부든 금리를 인상해야 한다는 경제상식을 MB정부는 언제쯤 깨달을까?

2011. 2. G Economy21

물가 불안은
정부책임이 아니다?

"물가급등은 정부의 정책이 잘못되어서 발생한 것이 아니다."

2011년 2월 28일 청와대 대변인이 방송에서 한 말이다. 며칠 후인 3월 8일 대통령은 국무회의에서 "물가 문제는 기후 변화, 국제 원자재 가격 상승 등으로 불가항력적인 측면이 많고, 대한민국만이 아니라 세계 모든 나라가 고통받고 있다"며 정부의 책임을 회피하는 발언을 했다. 국가경영의 최고 사령탑인 청와대와 대통령의 생각이 이러한 데 국민의 물가고통을 생각해 이를 완화시키는 경제정책을 기대하는 것은 우물에서 숭늉 찾기보다 나을 게 없다.

한국은행이 2011년 1월 27일 "한국 경제가 금융위기에서 완전히 벗어났다"고 큰소리치면서도 기준금리를 2.75%로 동결해 물가 불안을 외면한 것도 이런 생각에 뿌리를 두고 있기 때문인지도 모른다.

IMF 등 국제기관이나 국내외의 경제 전문가들이 이구동성으로 물가급등을 잠재우기 위해 금리를 인상해야 한다고 외치는데도 MB정부는 이를 철저히 무시했다. 그 결과가 지금 벌어지고 있는 물가폭등이다. 그런데도 국정의 큰 책임을 진 사람들이 "물가급등은 정부 책임이 아니다"라며 발뺌하고 있다.

그들의 주장대로 국제 원자재가격의 급등 때문에 물가가 급등했을까? 그래서 한국만이 아니라 세계 모든 국가가 물가 불안으로 고통을 받고 있을까?

2008~2010년 3년간 물가 상승률을 비교해보면 한국만 유난히 물가 불안이 최고조에 달했던 사실을 금방 알 수 있다. 한국의 물가 상승률은 평균 3.5%로 미국과 유럽의 평균인 1.7%의 두 배에 달했다. MB정부가 둘러대는 "불가항력적인 외부 요인 때문에 물가가 올랐다"는 핑계가 거짓말임을 알 수 있다.

국제 원자재가격의 급등이 물가 불안의 주범이라는 청와대의 말이 타당한지도 알아보자.

IMF의 통계에 의하면 물가에 가장 큰 영향을 미치는 원유가격은 2009년 36.3% 하락했고, 2010년에는 27.9% 상승했다. 2008년과 비교하면 2010년 원유가격은 18.5% 하락한 상태다. 원유를 제외한 원자재가격은 2009년 15.7% 하락하고, 2010년에는 26.3% 상승했다. 2008년 대비 2010년 가격은 6.5% 상승에 그쳤다. 2009년 원유를 비롯한 원자재의 가격이 크게 하락할 때도 한국은 물가가 2.8% 상승했다. 그해 대부분 국가는 물가가 하락했다. 이에 대해 MB정부는 또 어떤 핑계를 댈지 궁금해진다.

2009년 원유를 비롯한 원자재의 가격이 급락한 것은 경기침체의 영향이었다. 경기가 침체해서 가계소비와 기업투자가 감소하자 원자

자료: 뉴욕상업거래소(NYMEX), 서부텍사스중질유(WTI) 현물가격

재에 대한 수요가 줄었고 그 결과 가격이 급락했다. 경제학에서 말하는 수요와 공급의 법칙이 원자재 시장에서 작동한 것이다.

2010년에 원유 등 원자재가격이 반등한 것은 주요 국가들의 경기 회복에 따른 원자재 수요 증가도 작용했지만, 거기에는 또 하나의 중요한 요인이 있다. 경기를 회복시키겠다면서 미국을 비롯한 주요 국가들이 윤전기를 돌려 돈을 찍어냈다. 달러가 엄청나게 공급되면 달러의 가치가 하락하는 것이 수요와 공급의 법칙이다. 그리고 달러의 가치가 하락하면 달러로 표시된 원유, 광물, 식량 등 물건의 가치가 급등하는 것은 당연한 결과다.

달러의 가치가 하락하면 원자재 등 물건의 가격만이 아니라 다른 화폐의 가치도 상승하는 것이 정상이다. 달러의 가치를 다른 통화와 비교해 나타내는 지표인 달러 인덱스를 보면 그 사실을 확인할 수 있다. 달러 인덱스는 2008년 8월 74.8이었는데, 글로벌 금융위기 발생 직

자료: 연방준비제도

후인 2008년 11월에는 83으로 급등했다. 위기가 발생하면 가장 안전한 기축통화인 달러로 돈이 몰리기 때문에 생긴 현상이다. 그 이후 미연방준비은행은 밤낮으로 윤전기를 돌려 달러를 찍어냈고, 달러의 가치는 줄곧 하락했다. 그리고 2011년 3월에 달러 인덱스가 70.8까지 하락했다. 2008년 11월 대비 달러의 가치가 15%나 급락한 것은 달러의 공급이 급증했기 때문이다. 당연한 현상으로 다른 국가의 통화가치는 급등했다. 통화가치가 급등한 다른 국가들은 원자재가격 상승에 의한 물가 상승 압력을 통화가치 상승으로 일부 흡수했다. 그 결과 그들 국가의 국민이 겪는 물가압력은 상당히 완화됐다.

원화의 가치를 말해주는 원화 환율은 어땠을까? 모두 알고 있듯이 원화 환율은 MB정부 들어 급등했다. 글로벌 금융위기가 발발하기 전인 2008년 8월과 비교해도 10% 이상 높다. 시장원리인 수요와 공급의 법칙이 제대로 작동했다면 원화 환율은 하락했어야 한다. 그리고 원화 환율이 하락했다면 원자재가격 급등으로 발생한 물가 상승 압력은 완화됐을 것이다.

그런데 MB정부는 지속적이고도 무리한 외환시장 개입을 통해 고환율을 유지했다. 달러의 가치가 하락해서 2010년에 원자재가격이 급등했는데, 원화의 가치는 오히려 하락했으니 물가는 급등할 수밖에 없었다.

물가급등의 주범은 MB정부의 저금리정책과 고환율정책이다. 그런데도 그 책임을 회피하는 발언을 하는 것은 국민이 경제를 잘 모를 것이라고 내심 판단했기 때문일 것이다. 그러나 국민은 이미 물가 폭등의 책임이 누구에게 있는지를 정확히 꿰뚫어보고 있다. 2011년 3월 2일 발표된 《내일신문》과 디오피니언의 여론조사 결과가 이를 잘 보여준다. 응답자의 74.5%는 "MB정부가 남은 임기 동안 물가안정을 이루지 못할 것"이라고 응답했다. 국정을 책임지고도 국민이 겪는 물가고통이 자기 책임이 아니라고 손사래를 치는 사람들에게 더 이상 무슨 기대를 하겠는가?

그뿐이 아니다. 경제대통령으로서 MB에 대한 점수는 60점을 밑도는 56.7점으로 낙제점이었다. 국민은 사태의 본질을 파악하고 있는데 MB정부만 그 사실을 모르는 것일까?

2011. 3. 8. 내일신문

"문제는 물가야,
바보야!"

．
．
．

　2011년 '4. 27 재보선'에서 한나라당이 참패한 지 한 달이 되어간다. 수도권 의원들은 2012년 총선에서 궤멸적 패배를 맞을지 모른다고 공포에 떨었고, 하루라도 빨리 대책을 마련해야 한다고 부산을 떨었다. 그런데 한 달이 다 되어가는 지금 어떤 대책이 나왔을까?

　'4. 27 재보선' 결과에 대해 언론들은 MB정부의 실정에 대한 국민의 심판이라고 입을 모았다. 실정의 핵심은 '물가대란'과 '전세대란'이라고 친절하게 원인분석까지 했고 선거 결과에 관한 각종 여론조사도 이와 똑같은 분석결과를 보여주었다.

　'전세대란'이란 크게 보면 '물가대란'의 한 종류다. 그러므로 선거참패에 대한 쇄신책을 내놓는다면 물가급등에 대한 대책이 핵심이 되어야 할 것이다. 물가안정이 빠진 대책이란 '진정성 없는 쇼'라는 것을 모르는 국민은 없을 테니까.

　그런데 지금까지도 집권당 내에서 왜 물가가 급등했는지에 대한 분

126

석이나 앞으로 어떤 정책을 펴야 물가를 잡을 수 있는지에 대한 언급이 없다. 그리고 그 책임이 누구에게 있는지에 대해서도 누구 하나 입도 벙긋하지 않고 있다.

물가안정이란 서민들의 살림살이에서 경제성장보다 더 중요한 요소다. 그러기에 선진국들은 중앙은행에 그 책임을 맡김과 동시에 중앙은행의 독립성을 사법권의 독립만큼이나 철저하게 보장하고 있다.

한국은 어떤가? 한국의 통화정책과 환율정책을 담당하는 한국은행이 정부로부터 독립되어 정책을 수행한다고 생각하는 사람은 없을 것이다. 이것을 단적으로 보여주는 사례 하나를 보자.

2009년 12월 금융통화위원회에서 금리를 2.25%로 동결하기로 한 직후 기자회견에서 이성태 당시 한국은행 총재는 이런 말을 했다. "2010년 5% 성장전망에 비해 2%의 기준금리는 엄청나게 낮다."

다른 사람도 아닌 한국은행 총재가 그런 말을 하는 데 의아해하는 사람도 많았을 것이다. 그러나 금리를 최종적으로 결정하는 권한은 한국은행이 아니라 금융통화위원회라는 기구에 있으며, 그 위원들의 실질적인 임명권한이 청와대에 있다는 사실을 상기하곤 고개를 끄덕일 수밖에 없었다. 한국은행은 금리를 올려야 한다고 생각하는데, 청와대의 강력한 반대로 동결할 수밖에 없었다는 사실을 이성태 총재의 말을 통해 국민이 알게 된 것이다.

그런데 2010년 MB정부가 한국은행 총재를 새로 임명한 이후에는 금리를 인상해서 물가 불안을 잠재우겠다는 의지마저 사라진 것 같다. 한국은행 총재의 입에서 '물가안정'이라는 말보다 '경기부양'이라는 말이 더 자주 오르내리고, 2010년 한 해 동안 기준금리를 겨우

0.25% 인상하는 데 그쳤기 때문이다.

오래전부터 수많은 국내외 연구기관들은 지나치게 완화된 통화정책을 신속하게 수정하지 않으면 물가급등이 뒤따를 것이라고 경고했다. 2010년 7월 6일 IMF가 「2010년 한국에 대한 경제정책 자문」결과를 발표하면서 신속한 금리 인상을 강력히 권고한 것이 대표적 사례다. 그것으로도 부족해 아예 적정금리가 4% 수준이라고 구체적으로 언급까지 했다.

대내외 연구기관들의 끊임없는 권고와 경고를 무시하고 한국은행이 사상 최저 수준의 금리를 장기간 고집했던 것은 정권의 요구와 무관하지 않다. 그러니 집권당이 선거에서 참패한 것은 정치적인 목적으로 중앙은행의 독립을 훼손한 대가를 치른 것이다. 그리고 그 대가는 아직 끝나지 않았다.

집권여당이 지금 백가쟁명百家爭鳴으로 내세우는 쇄신책들이란 마치 위장과 간장이 허약해진 환자에게 타박상 연고를 처방하는 것과 같다. 국민의 물가고통을 근본적으로 해소하지 않고는 제갈공명의 꾀를 빌리더라도 '진정성 없는 쇼'를 벗어날 수 없다. 그 근본적인 해결책에는 한국은행의 독립성을 담보할 인사의 등용이 반드시 포함돼야 할 것이다.

지금 국민은 집권당에 이렇게 일갈하고 싶은 심정일 것이다. "문제는 물가야, 이 바보야!"

2011. 5. 23. 내일신문

IMF,
금리 인상·원화 절상하라

⋮

　IMF가 2011년 6월 17일 「2011년 한국에 대한 경제정책 자문」 결과를 발표하면서 금리 인상과 원화 절상을 주문했다. 1년 전 「2010년 한국에 대한 경제정책 자문」의 요약문에서 금리 인상을 강력하게 권고했는데, 또다시 똑같은 정책권고를 내놓은 것이다.

　전 세계 국가들에 매년 경제정책에 대해 자문을 하는 국제기구는 IMF가 유일하다. 그리고 대부분의 국가들은 IMF의 정책 자문을 경제정책에 반영한다. 그런 IMF가 "추가적이고 지속적인 금리 인상이 필요하다. 원화 절상 역시 필수적이다"라고 공식 발표했으니, 한국 경제에서 물가안정의 중요성을 새삼 확인하게 된다.

　IMF 발표문의 주요 내용을 보도록 하자.

　"한국 경제의 강한 회복세에 비추어볼 때 거시경제정책과 통화정책의
중심을 물가압력 완화와 경제의 잠재위험 방지에 두어야 한다. 재정적

자를 줄이고 금리를 인상한 정책들은 환영할 만하다. 그러나 통화정책은 아직도 완화된 상태다. 경제의 연착륙을 위해서는 추가적이고 지속적으로 금리를 인상하는 등의 금융긴축이 필요하다. 환율시장에 개입하지 않는 것도 물가 상승에 적절하게 대처하기 위한 필수요소다. 물가안정을 위한 행정력 동원이 어느 정도 효과가 있긴 했으나, 장기적으로는 실물경제의 총수요 압력과 인플레 기대심리를 잠재울 수 없다."

"물가안정이 통화정책의 첫째 목표이긴 하지만, 금리 결정에서 또 하나 중요한 고려요소가 있다. 그것은 금융의 시스템 리스크를 줄이는 것이다. 그래야만 경제 주체들의 무차별적인 차입 증가를 막을 수 있고, 또 금융위기가 실물경제로 전이되는 것을 방지할 수 있다. 이를 위해서는 금융안정을 나타내는 지표들을 예의주시하고, 경제 주체들이 지나치게 부채를 늘리는 경우 금리를 인상해 부채증가의 유인을 줄여야 한다."

"거시경제정책 하나만으로는 금융위기에 대한 대응이 불충분하므로 또 다른 신중한 경제정책들이 필요하다. 예를 들어 외국자금의 불안정한 유출입에 대한 대응정책과 주택시장의 안정을 위한 정책이 필요하다. 외국자금의 불안정한 유출입이 한국 경제에서 중요한 우려 사항이므로 이에 효과적으로 대응하기 위해서는 일방적인 고환율정책 대신에 환율이 자율적으로 변동하도록 보장하는 것이 중요하다. 주택시장에 관한 정책은 가계부채가 과도하게 증가하지 않도록 억제하는 것에 중점을 두어야 한다."

"경제의 수출의존도 증가, 그에 따른 외부충격에의 취약성 그리고 양극화 심화 등의 문제를 해결하기 위해서는 서비스부문을 제2의 성장 엔진으로 키워야 한다. 그러기 위해서는 환율의 하락이 중요하다. 그래야만 서비스부문이 강화되고 가계의 소득이 증대될 것이기 때문이다."

IMF의 정책 자문을 한 문장으로 요약하면 "금리를 신속하게 인상하고, 환율이 시장원리에 따라 하락하도록 놔둬라"라는 것이다.

사실 IMF의 권고가 새삼스런 일은 아니다. 한국 국민은 물가고통이 얼마나 심각한지를 뼈저리게 체감하고, 그 고통이 4월 27일 보궐선거에서 유감없이 분출되자 물가 문제는 정치적으로도 가장 중요한 이슈가 되었으니 말이다.

만약 MB정부와 금융 당국이 2010년 IMF의 강력한 권고와 경고에 귀를 기울였다면 지금 온 국민이 겪고 있는 물가고통은 훨씬 줄었을 것이다. 그런데 한국은행은 당시 2.25%였던 기준금리를 최근까지도 겨우 0.75% 올리는 데 그쳤다. 환율정책 역시 고환율을 고집하며 외환시장에 계속 개입했다. 그 결과는 지금 우리 국민이 모두 겪고 있는 살인적인 물가폭등이었다.

그리고 1년이 지난 2011년의 발표에서 IMF는 또다시 금리 인상과 원화 절상을 강력히 주문했다. 정부와 한국은행이 이 주문에 얼마나 귀 기울일지 주목된다.

2011. 6. 27, 내일신문

물가 낮출 방안을
공모하겠다니

:

"물가를 낮추는 방안을 범국민적인 공모를 통해 강구하겠다."

2011년 7월 26일 경제를 책임진 장관의 입에서 나온 말이다. 아니 이게 무슨 소린가? 그럼 여태껏 물가를 안정시킬 방법을 몰라서 손 놓고 있었다는 이야기인가?

MB정부 기간에 왜 물가가 폭등했는지는 경제학에 문외한인 사람이라도 알 수 있다. 경제학 교과서는 "인플레이션이란 화폐가치가 하락하는 현상"이라고 지극히 단순하고 명쾌하게 설명한다. 시중에 돈이 많이 풀리면 돈의 가치는 하락하고, 그 결과 물건의 가치가 상승하는데 이것이 바로 인플레이션이다.

2008년 말 글로벌 금융위기가 닥치자 MB정부는 재빨리 금리를 사상 최저인 2%까지 떨어뜨렸다. 그 결과 대출이 급증하고 시중에 돈이 넘쳤다. 미국과 유럽 등 주요 국가들이 대출이 줄어드는 금융위기를 겪는 동안에도 한국 경제는 과잉 유동성을 경험했으니 금융위기는 딴 나라 이야기일 뿐이었다. 금융위기가 오지 않았는데도 금융위기를 겪는 국가들과 똑같은 극약처방을 했으니, 경제에 크나큰 부작용이 초래되는 것은 필연적인 결과였다.

가계대출이 급증해 미래 금융위기의 불씨를 지핀 것과 과잉 유동성의 증가로 물가 불안을 야기한 것이 가장 큰 부작용이었다. 경제에 대해 기본상식이 있는 정부라면 금리를 인상해 금융위기의 불씨를 끄고 물가 불안을 잠재우는 것이 당연한데도, MB정부는 17개월이나 2% 금리를 유지했다.

경제성장률이 금융위기 이전 수준을 회복하는데도 여전히 2%에 머물던 금리를 0.25% 찔끔 인상한 것도 IMF의 강력한 권고 때문에 마지못해 취한 행동이었다. 그 이후에도 금리 인상은 거북이걸음보다 더 느리게 진행되었으며, 2010년 말까지 기준금리는 2.25%에 머물렀다. 그해 경제성장률이 6%를 상회했으니 물가압력이 얼마나 높았을지는 짐작하고도 남는다.

저금리정책 말고도 화폐가치를 하락시켜 인플레이션을 불러오는 정책이 하나 더 있다. MB정부가 출범도 하기 전부터 무리하게 펼친 고환율정책이 그것이다. 환율을 인위적으로 폭등시키자 원화가치는 폭락했다. 돈의 가치가 폭락했으니 물건의 가치가 폭등하는 것은 당연한 결과였다.

MB정부가 얼마나 무리하게 고환율정책을 밀어붙였는가는 아시아 국가들의 환율변동과 비교해보면 금방 알 수 있다. 2007년 말과 2011년 8월 5일의 환율을 비교해보면 한국을 제외한 모든 국가의 환율이 하락했다.

일본이 30% 하락하고 중국이 12% 하락한 것은 차치하더라도 싱가포르 환율이 15% 하락한 것은 시장원리에 따른 것이었다. 한국보다 경제수준이 낮은 말레이시아와 인도네시아도 똑같이 10%씩 환율이 하락했다. 홍콩과 태국만 변동이 없었다.

그런데 한국의 원화만 14%나 상승했으니 누가 보기에도 비정상적인 현상이다. MB정부의 인위적인 외환시장 개입이 없었다면, 그래서 환율이 시장원리에 따라 움직였다면 원화 환율은 일본을 제외한 아시아 국가들의 평균 하락률인 8% 이상 하락했을 것이다.

그런데도 MB정부는 환율을 낮출 생각이 전혀 없다. 강만수 씨와 함께 고환율정책을 밀어붙인 장본인인 최중경 지식경제부 장관은 기회가 있을 때마다 환율이 낮아지면 큰일이라도 날 것처럼 외치고 있다. 2011년 3월 7일 국회 지식경제위원회에서 그는 "물가도 중요하지만 금리와 환율 문제는 신중하게 접근해야 한다"며 고환율정책 고수 견해를 분명히 밝혔다. 그는 "금리나 환율 등 거시경제정책을 섣불리 건드렸다간 오히려 예측하기 어려운 결과를 초래한다"며 국민에게 겁주기도 서슴지 않았다.

두 달 후인 5월 27일 최 장관은 《중앙일보》와의 인터뷰에서 "환율정책은 물가정책과 절연해야 한다"며 물가안정을 위해 고환율정책을 포기해야 한다는 여론을 일축했다. 그는 "원화 가치를 높이면 당장 물가에는 좋겠지만, 부정적 효과는 장기적으로 나타나므로 2~3년 곪으면 치명타가 된다"며 이번에도 대국민 협박을 빼놓지 않았다. 그가 말하는 '예측하기 어려운 결과'와 '치명타'란 도대체 무엇을 말하는 것일까?

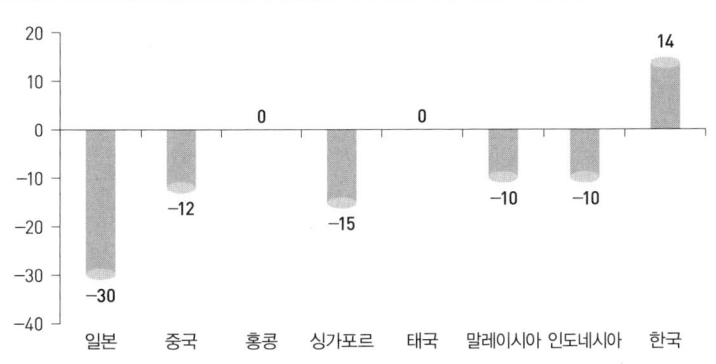

비교 기간: 2007. 12. 31~2011. 8. 5
자료: 한국은행

그가 2011년 4월 13일 상공회의소 조찬강연에서 한 말에 그의 본심이 나타난다. 그는 기업인들 앞에서 "환율이 너무 떨어지면 기업 채산성이 안 좋아지고 투자가 안 되므로 환율로 물가를 잡는 것은 바람직하지 않다"고 구체적으로 언급했다.

MB정부 들어 고환율로 떼돈을 번 수출 대기업들의 이익이 조금이라도 줄어들까 염려해, 국민의 물가고통을 덜어줄 최선책인 환율하락을 막겠다는 것이 MB정부 경제장관의 본심이다. 그러면서 "물가를 낮출 방안을 전 국민에게 물어보겠다"고 방송에서 말하는 것은 국민을 속이려는 얄팍한 제스처에 불과하다.

2011. 8. 8, 내일신문

환율 폭등,
계속될까?

:

환율이 무섭게 오르고 있다. 2011년 8월 1일 1,050원에서 9월 26일 1,195원으로 14%나 급등했다. 환율 움직임만 보면 리먼 브러더스가 파산하고 글로벌 금융위기가 터졌던 2008년 말과 비슷한 양상이다.

당시 자칭 '환율주권론자'들이 환율정책을 쥐락펴락하고 있었다. 그들은 MB정부 출범 전부터 "환율이 지나치게 낮다"며 환율을 올리기 위해 혼신의 힘을 다 쏟았다. 그런 호기를 놓칠 리 없는 국제투기세력이 원화 환율의 급등에 베팅했고 환율은 치솟았다. 이런 상황에서 글로벌 금융위기가 터지자 환율은 줄 끊어진 연처럼 솟구쳤다.

2007년 말 936원이었던 환율이 리먼 파산 두 달여 만인 2008년 10월 28일에는 1,467원까지 치솟았으니 무려 57%나 폭등한 것이다. 국민은 '제2의 외환위기'가 오는 것은 아닌지 불안에 떨었다.

다른 아시아 국가들은 어땠을까? 2007년 말부터 2008년 10월 28일까지 일본과 중국은 환율이 각각 17%와 6% 하락했다. 홍콩과

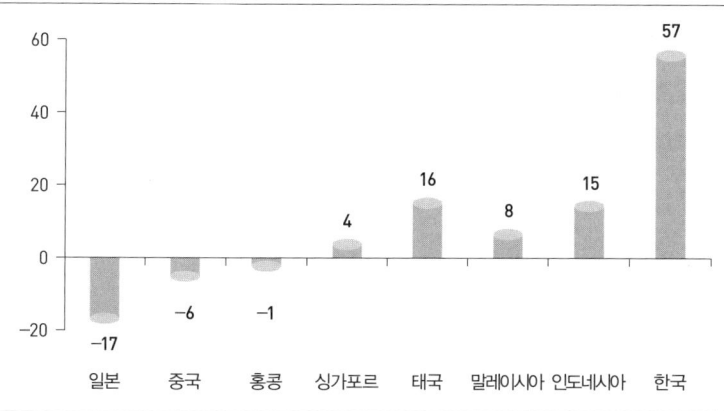

<그림 3-7> 아시아 국가 환율변동 비교   단위: %

비교 기간: 2007. 12. 31~2008. 10. 28
자료: 한국은행

싱가포르는 큰 변화가 없었으며 말레이시아, 태국과 인도네시아가 각
각 8%, 16%와 15% 상승했다.

　아시아의 어느 국가도 '외환위기'의 망령에 떨 정도로 환율이 폭등
하지 않았다. 환율이란 국가의 경제 체력을 나타내는 종합지수다. 다
른 아시아 국가들과 달리 한국만 57%나 환율이 급등했던 것은 환율
정책의 실패 말고는 다른 이유를 찾을 수 없다.

　지금의 상황은 어떤가? 2011년 9월 15일 별안간 국내 증권사들은
일제히 환율이 1,200원 이상 오를 거라고 합창을 했다. 어느 증권사
는 "그리스가 디폴트로 가면" 1,600원 선까지 치솟을 수 있다고 공
포 분위기를 조성했다. 그 근거는 "2008년 금융위기 때와 상황이 같
기 때문"이라고 했다. 재미있는 일은 그다음에 일어났다. 영업일로 불
과 이틀 후인 9월 19일 경제를 책임진 장관이 국회 국정감사에서 "그
리스의 디폴트 확률이 98%에 이른다"고 발언했다. 그 발언이 언론에

대대적으로 보도될 것을 모를 리가 없었을 테니, 내심 환율이 급등하길 바라지 않았다면 어떻게 그런 발언을 할 수 있었을까?

'환율주권론자'들이 환율에 영향을 미칠 만한 자리를 차지하고 있다는 사실은 2008년 말과 같다. 그러나 여타 여건은 천양지차다. 외화보유액은 2008년 9월 말에 2,397억 달러였는데, 2011년 8월 말은 3,122억 달러로 훨씬 많다.

가장 큰 리스크 요인인 금융기관의 단기외채 규모는 2008년 9월 말 1,462억 달러에서 2011년 6월 말 1,151억 달러로 훨씬 작다. 그뿐 아니다. 2008년 말 환율급등에 지대한 영향을 미쳤던 국외투자펀드의 손실발생으로 말미암은 달러매수가 지금은 존재하지 않는다.

그런데도 정부가 앞장서서 불안심리를 부추기며 환율이 오르는 것을 정당화하기에 바쁘다. 8월 초부터 9월 26일까지 아시아 국가의 환율변동을 비교해봐도 원화 환율의 급등이 비정상적임을 알 수 있다. 그동안 태국, 말레이시아, 인도네시아 등은 환율이 5~8% 상승했는데, 원화 환율만 14%나 급등한 것은 심리적 요인 때문이다.

2008년 말 글로벌 금융위기라는 엄청난 충격에도 아시아 국가들의 환율은 큰 변동이 없었다. 한국 역시 정책 책임자들이 적절하게 대응했더라면 환율이 폭등이라 불릴 만큼 크게 오르지는 않았을 것이다.

또다시 환율을 올리려는 유혹이 MB정부 내에서 꿈틀거리는 것이 감지된다. 그러나 정부가 물가를 안정시키겠다는 의지만 있다면 환율은 폭등을 멈추고 제자리를 찾을 것이다.

2011. 9. 27. 내일신문

정부의 불안한
환율정책

환율이 극도로 불안한 움직임을 지속하고 있다. 2011년 8월 말 1,066원이었던 환율이 한 달 만에 1,178원으로 112원 폭등했다. 10월 28일에는 1,105원까지 하락했다. 환율이 불안하면 경제 주체들의 경제활동에 심각한 타격을 입힌다. 9월 환율이 10% 이상 폭등하자 1,000원대를 기준으로 사업을 추진하던 기업들은 큰 손실을 보았고, 추가손실을 피하고자 많은 기업이 환 헤지hedge를 했을 것이다. 환율이 다시 급락했으니 그 기업들은 두 배의 손실을 보게 됐다.

정부는 유럽의 재정위기 때문에 환율이 폭등했다고 서둘러 핑계를 대겠지만, 다른 아시아 국가들의 환율은 상대적으로 안정된 움직임을 보였다. 2011년 9월 원화 환율이 10% 이상 폭등할 때도 태국, 말레이시아, 인도네시아는 각각 3.8%, 6.5% 및 3.8% 상승에 그쳤다.

과연 유럽의 재정위기로 외국 투자자금이 급격하게 유출된 것이 환율 폭등의 주범이었을까? 금융감독원 통계를 보면 9월 한 달간

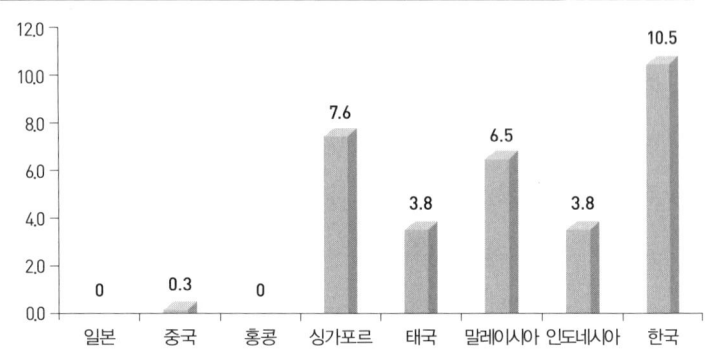

〈그림 3-8〉 아시아 국가 환율변동률   단위: %

비교 기간: 2011년 8월 말~9월 말
자료: 한국은행

외국인은 주식시장에서 1조 3,140억 원을, 채권시장에서는 25억 원을 순매도해서 총 1조 3,165억 원이 국내에서 유출됐다.

이 정도 자금유출이 환율을 10% 이상 폭등시킬 요인인지를 알아보기 위해 이들 자금이 유입될 당시의 환율변동을 알아보자. 2011년 7월 외국인은 주식과 채권을 각각 2조 1,712억 원과 2조 9,026억 원을 순매수했고 따라서 총 5조 738억 원이 유입됐다. 환율은 얼마나 하락했을까? 6월 말 1,067원이었던 환율은 7월 말 1,054원으로 불과 13원 하락하는 데 그쳤다. 외국자금이 본격적으로 유입되던 2010년 10월과 11월 그 두 달간 외국인은 주식시장에서 6조 8,333억 원을 순매수했고, 채권시장에서는 5조 4,102억 원을 순투자했다. 주식과 채권시장으로 12조 원이 넘게 유입되었는데 환율은 2010년 9월 말 1,140원에서 11월 말 1,159원으로 오히려 19원 상승했다.

정부의 말대로 외국자금의 유출로 환율이 급등하는 것이 시장원리에 의한 것이라면, 반대로 외국자금이 유입되면 환율은 급락해야 한다. 그런데 2010년 10~11월과 2011년 7월에는 왜 시장원리가 작동하지 않았을까? 이유는 하나밖에 없다. MB정부가 외환시장에 개입해서 달러를 사들였기 때문이다.

환율이 안정적으로 제자리를 찾아가던 2010년 10월과 11월에는 무지막지하게 개입해 환율을 떠받치더니, 환율이 폭등하던 2011년 9월에는 개입하는 시늉만 냄으로써 환율 폭등을 방치했다. 오로지 고환율에만 집착하는 행태를 드러낸 것이다. 2011년 9월 경제가 취약한 아시아 국가들보다 환율이 두 배 이상 폭등한 것은 잘못된 환율정책과 시장 참가자들의 정책에 대한 불신, 이 둘의 합작품이었다.

2011년 9월 27일 자 《내일신문》을 통해 나는 금융기관의 단기외채와 외화보유액을 비교해 한국이 제2의 외환위기를 맞을 가능성은 없다고 밝힌 바 있다. 2008년 말과 지금이 비슷한 상황이라며 원화 환율 1,600원 운운하는 것이 무지의 소치임도 밝혔다. 환율은 정부의 의지에 좌우될 것이라고 분명히 말했다.

10월 26일 한국과 중국 간 통화스와프 규모가 종전의 2배인 560억 달러로 확대됐고 19일에는 일본과의 통화스와프가 700억 달러로 570억 달러나 확대됐다. 이 둘을 통해서만 850억 달러의 외환이 증대된 것이다. 이로써 외화보유액이 부족해서 환율을 안정시키지 못한다는 핑계는 더 이상 댈 수 없게 됐다. 지금 외환시장의 가장 큰 불안요소는 정부정책이라는 사실을 환율 당국은 명심해야 한다.

2011. 10. 31. 내일신문

역대 최악의
고물가 정권

:

2012년 1월 9일 자 《내일신문》 기사에 따르면 1980년 이후 역대 정부 중에서 이명박 정부가 물가정책에 가장 실패했다고 한다. MB정부들어 경제성장률은 3.2%였는데, 물가는 3.6%나 급등해 물가 상승이 성장률보다 높았기 때문이다.

MB정부 4년간 서민들은 극심한 소득 감소를 겪었고 자영업자는 줄줄이 문을 닫았다. 지독한 불경기를 겪었던 것이다. 그 이유에 대해 MB정부는 금융위기로 말미암은 경기침체 때문이라고 말했다.

경기가 침체하면 물가는 하락하는 것이 정상이다. 그런데 하락은커녕 OECD 국가 중 1~2위를 다툴 정도로 물가가 급등했다. 소득 감소에 더해 물가마저 급등했으니 서민들의 살림은 극도로 힘들어졌다.

MB정부 이후 무리한 저금리정책과 인위적인 고환율정책이 국민에게 물가고통을 안겨준 주범이라는 사실은 이제 너도 알고 나도 아는 상식이 됐다.

그런데 정작 국가 경제를 책임진 높은 사람들만 그런 상식을 모른 체하며 물가급등의 책임회피에 바쁘다. 한 달 전 대통령은 국무회의에서 "물가가 올라도 아무도 책임지는 사람을 못 봤다"는 말로 그저 허공에 대고 물가책임을 추궁하는 듯한 제스처만 취했다. 저금리와 고환율정책을 책임진 한국은행과 경제부처에 책임을 묻지도 않고, 또 그 정책들을 즉각 바로잡으라는 지시 한마디 없이 말이다.

그런 상황이니 김중수 한국은행 총재가 2010년 10월 23일에 기자들 앞에서 "한국은행이 물가 관리청은 아니다"며 한국은행 본연의 책임을 회피하는 발언을 하는 것도 그리 놀랄 만한 일이 아니게 됐다.

사람들이 물가안정이라는 본연의 책임을 제대로 수행하지 못하는 한국은행에 '청와대의 남대문 출장소'라는 별명을 붙여준 지도 이미 오래됐다. 지금 한국은행의 금리정책을 보면 이런 오명을 벗어나기는 어려워 보인다.

청와대 경제수석은 올해 1월 4일 MB정부가 저금리와 고환율정책을 쓴 적이 없다고 노골적인 발뺌까지 해댔다. 두 정책 중 물가에 더 큰 영향을 미치는 고환율정책에 대해 "지난해 같은 경우를 보면 정부가 환율안정을 위해 얼마나 노력을 했느냐"는 궤변도 서슴지 않았다.

MB정부가 작년 한 해 환율과 관련해 쏟았던 노력의 강도를 객관적인 데이터를 통해 확인해보면 헛웃음이 나올 지경이다.

환율이란 외환시장에서 달러의 수요와 공급으로 결정되는 달러의 가격이다. 달러의 수요와 공급을 결정하는 가장 중요한 요소는 경상수지와 외국인 투자다. 2011년 경상수지는 250억 달러 이상 흑자였다. 수출이 수입보다 250억 달러 많았으니 국내 외환시장에서 그 금액만큼 달러공급이 수요를 초과했다.

외국인의 국내 증권에 대한 투자는 달러 수요요인으로 작용했다. 작년 한 해 외국인은 국내 주식과 채권을 합해 2조 4,000억 원, 달러로 환산하면 22억 달러를 순매도했다. 외국인이 국내 주식과 채권을 매도한 자금을 자기 나라로 송금하기 위해서는 외환시장에서 달러를 매입해야 한다.

경상수지와 외국인 투자를 합하면 2011년 한 해 외환시장에서 달러의 공급은 수요를 약 230억 달러나 초과했다. 어느 상품이든 공급이 수요를 초과하면 가격은 하락하는 것이 정상이다. 외환시장에서 달러의 가격인 환율은 어떻게 변했을까? 작년 초 1,126원이었던 환율이 연말에는 1,151원으로 오히려 25원 상승했다.

왜 그런 일이 일어났는지 모르는 사람은 없을 것이다. MB정부가 외환시장에 개입해 달러를 엄청나게 사들였기에 환율이 상승한 것이다. 외화보유액이 작년 한 해 148억 달러나 증가했던 사실이 이를 입증한다.

MB정부는 작년 환율이 하락하는 것을 막으려고 피나는 노력을 기울였다. 그러고도 입으로는 '환율안정을 위한 노력을' 아끼지 않았던 것처럼 강변하고 있으니 정권에 대한 국민의 마음은 천리만리 멀어질 수밖에 없다.

2012. 1. 16, 내일신문

말로는 물가안정,
행동은 투기자금 유치

:

2012년 1월 31일 이명박 대통령이 국무회의에서 "금년에 성장이 다소 낮아지더라도 물가는 반드시 잡아야 한다"고 강력히 지시했다는 뉴스가 언론을 통해 보도됐다. 3일 후인 2월 3일에는 '1월 외국인 국내 주식 순매수 역대 최고'라는 기사가 신문의 경제면을 장식했다. 작년 8월 이후 썰물 빠지듯 한국을 탈출했던 국제투기자금들이 올 들어 다시 밀물처럼 밀려든다는 소식이었다.

물가안정을 최우선 정책과제로 삼겠다고 공표한 MB정부에 이보다 더 반가운 소식도 없었을 것이다. 지난 4년간 국민에게 물가고통을 안겨준 주범은 저금리와 고환율이었는데, 그중 고환율을 해결할 여건이 조성되었기 때문이다.

2011년 8월 말 1,066원이었던 환율이 9월 말에는 1,178원으로 한 달 만에 112원이나 폭등했다. 정부와 언론은 유럽 재정위기로 말미암은 외국자금 유출에 그 책임을 전가했다. 9월 한 달 외국인은 국내 주식 1조 3,000억 원을 순매도했다.

2012년 들어 2월 10일까지 외국인은 8조 7,000억 원의 국내 주식을 순매수했다. 작년 9월 순매도 금액의 6.5배에 달하는 금액이다. MB 정부가 물가안정의 의지만 있었다면 환율은 작년 8월 말의 1,066원보다 훨씬 아래로 하락하는 것이 정상이었다. 그런데 작년 말 1,151원이 었던 환율이 올해 2월 10일에는 1,124원으로 27원 하락에 그쳤다. 물가안정을 기대했던 국민들의 바람은 물거품이 되었다.

시야를 아시아로 넓혀보면 외국인 투자동향에 대해 대단히 흥미로운 사실을 목격할 수 있다. 외국인들이 다른 아시아 국가보다 한국 주식을 공격적으로 매수하고 있다는 점이다. 올 들어 대만, 인도네시아, 태국, 필리핀 및 인도 5개국 주식의 순매수 금액을 합한 것보다 한국 주식의 순매수 금액이 더 많다.

실물경제를 보면 한국이 다른 아시아 국가보다 더 매력적인 점을 찾을 수 없다. 2011년 4분기 경제성장률과 2012년 1월의 경상수지는 한국 경제에 어두운 그림자가 짙게 드리우고 있음을 분명하게 보여주고 있기 때문이다.

환율로 눈을 돌리면 이야기가 달라진다. 2009년과 2010년 국제투기자금이 한국의 주식과 채권으로 물밀듯 밀려올 때, 전문가들은 그 돈이 환차익을 노린 '달러 캐리 트레이드' 자금이라고 입을 모았다. MB정부가 환율을 높게 유지해서 국제투기자금들이 가지고 오는 달러를 비싼 가격에 사줌으로써 투기자금의 유입을 부추겼다. 투기자금의 시각에서는 원화 환율이 과다하게 높은 수준이므로 손실위험은 낮고 환차익을 볼 가능성은 높다고 판단한 것이다.

2011년 8월 이후 외국자금이 한국을 빠져나가자 MB정부는 서둘러 환율을 급등시켰다. 그리고 빠져나갔던 돈보다 더 많은 자금이 국내로 유입됐는데도 여전히 고환율을 유지하고 있다. 국제투기자금으로서는 또 한 번 환차익을 노릴 기회를 잡은 셈이다.

MB정부는 입으로는 '물가안정'을 외치면서 행동은 정반대로 하고 있다. 국제투기자금을 끌어들여 주식버블을 키우기 위해 무리하게 고환율을 유지하고 있다. 더 큰 문제는 국제투기자금이 그들의 계획대로 환차익을 챙겨서 한국을 떠날 가능성이 크다는 사실이다. 올해 두 차례의 큰 선거를 앞둔 집권세력으로서는 물가 불안을 마냥 방치할 수 없을 테니 환율하락 가능성이 어느 때보다 높다. 그뿐 아니다. MB정부는 집권 마지막 해의 경제성적을 그럴듯하게 포장하기 위해서라도 환율하락을 용인할 가능성이 크다.

이래저래 국민의 물가고통을 방치하면서 무리하게 추진하는 고환율정책이 국제투기자금의 배만 불려줄 것 같아 가슴이 답답하다.

2012. 2. 13. 내일신문

물가안정을 위한 경제정책은?

"사회의 기반을 송두리째 흔들고자 할 때 가장 교묘하고도 확실한 방법은 물가 상승을 유발하는 것이다."

20세기 최고의 경제학자라 불리는 케인즈가 물가 상승의 위험을 경고한 말이다. 그뿐이 아니다. 케인즈에 반기를 들고 통화주의학파를 창시한 밀턴 프리드먼도 물가 상승이 위험하다는 케인즈의 견해에는 동의했다. 그의 저서 『화폐경제학Money Mischief』에서 "인플레이션은 치명적인 질병으로 제때 치료하지 않으면 사회 전체를 붕괴시킬 수도 있다"고 경고했다.

물가가 오르면 꼭 손해 보는 사람만 있는 것은 아니다. 물건의 소비자인 국민은 손해를 보지만 공급자인 기업은 물건의 가격이 오르므로 이익을 본다. 또 물가가 상승하면 돈의 가치가 하락하므로 명목임금이 물가 상승만큼 오르지 않으면, 봉급 생활자는 손해를 보고 기업은 실질임금이 하락하므로 이익을 본다. 자산을 보유하지 못한 일반 국민은 손해를 보겠지만 자산을 많이 보유한 자산가는 돈의 가치가 하락해서 자산의 가치가 상승하므로 이익을 본다. 그러므로 물가 상승을 부추긴 MB정부의 경제정책은 기업과 자산가에게는 이익이었고, 소비자와 일반 국민에게는 손해인 셈이었다.

인플레이션보다 더 치명적인 것은 소득 감소와 물가 상승이 동시에 발생하는 것이다. 국민이 이중고를 겪기 때문이다. 그리고 이런 일은 아주 드문 경우에만 발생한다. 경기가 침체되면 수요가 줄어 기업이 가격을 낮추어서라도 생산한 물건을 팔려고 하기 때문이다.

왜 한국에서는 경기가 침체되는데도 물가가 상승했을까? 지난 5년간 지겹도록 들었던 "국제 원자재가격 상승 때문에 물가가 상승했다"는 MB정부의 변명은 아무 근거가 없음을 충분히 밝혔다. '인플레이션이란 돈의 가치가 하락하는 현상'이라는 경제의 기초이론에 비추어보면 MB정부의 초저금리정책과 고환율정책이 물가급등의 주범이라는 사실을 금방 알 수 있다.

그러므로 다음 정부에서 물가를 안정시키기 위해 취해야 할 경제정책이 무엇인지에 대한 답은 이미 나와 있다. 과연 그것을 실행할 의지가 있느냐의 문제일 뿐이다. 환율이 하락하면 수출기업들의 이익이 감소하고, 금리가 인상되면 자산가들의 재산이 감소한다. 그러므로 이들이 강력하게 반대할 것이고, 그들의 이익을 대변하는 보수언론 역시 반대의 목소리를 높일 것이다. 실물경제에 대한 부정적인 영향 운운하는 것은 MB정부 5년간 지겹도록 들어온 레퍼토리들이다.

물가안정을 위한 중요한 정책 중 하나는 중앙은행의 독립을 보장하는 것이다. 환율정책과 금리정책을 책임지는 한국은행이 스스로 부여된 책임을 다하지 못했기 때문에 국민이 물가고통을 겪고 있다. 2012년 7월 한국은행은 경제 전문가들의 예상을 뒤엎고

금리 인하를 단행하더니 10월 11일에 또 추가 금리 인하를 단행했다. 실물경제의 침체 우려가 대두됐기 때문이라고 해명했다. 또 물가압력이 완화되었기 때문에 금리를 인하해도 아무 문제가 없다는 해괴한 변명을 늘어놓았다. MB정부 5년간 국민이 시달렸던 물가고통이 이제 해소됐다는 어처구니없는 말이었다.

한국은행의 독립을 보장하기 위해서는 제도적 장치 마련이 중요하다. 그리고 더 중요한 것은 '물가안정'을 통화정책의 가장 중요한 목표로 삼고 흔들림 없이 지켜나갈 인사들을 한국은행의 최고 책임자와 금융통화위원회 위원으로 임명해야 한다는 사실이다. 국민보다는 기업을 위한 정책 결정에 치우친 인사들에게 통화정책을 맡긴다면 지난 5년간 국민이 겪었던 물가고통이 완전히 해소되지 않을 것이기 때문이다.

PART 4

한국판 서브프라임 사태의 잉태,
주식·부동산정책

금융위기가 발발하기 직전인 2008년 9월 1일 이후 주요 국가들의 주가변동을 비교해보면 흥미로운 사실을 발견할 수 있다. 한국의 주가가 미국, 유럽, 일본 등 선진국은 물론 중국, 아시아 및 동유럽 등 신흥국가들보다도 더 올랐다는 사실이다. 집값 변동 역시 미국 등 주요 국가와 비교하면 하락폭이 훨씬 작았다.

주식과 부동산가격이 국민의 부에 미치는 영향은 지대하다. 글로벌 금융위기 이후 한국의 주식과 부동산가격이 다른 국가들을 초과 상승한 것을 들어 MB정부는 자신들의 경제성적이 우수하다고 자랑하려 할 것이다.

사실 지난 5년간 MB정부가 주식과 부동산가격 부양을 위해 들인 노력을 돌아보면 가히 눈물겹다. 부동산 부양책만 스무 번을 쏟아냈으니 3개월에 한 번꼴로 부동산 부양을 위한 정책을 발표한 것이다. 그것도 모자라서 대통령과 MB정부의 고위직들이 언론에 나와 부동산 투자를 부추기는 발언도 서슴지 않았다. 주식시장 부양을 위한 노력 역시 그에 못지않다. 가계의 소득과 물가에 큰 영향을 미치는 경제 정책들마저 주식가격 부양을 위해 희생하기 일쑤였다.

MB정부가 부동산과 주식가격 부양을 위해 편 경제정책은 어떤 것일까? 경제에 공짜 점심은 없는 법인데, 부동산과 주식 부양정책의 대가는 무엇일까? 또 그 정책들이 국민의 소득에 도움이 되었을까 아니면 손해를 끼쳤을까? 더 중요한 질문이 있다. 과연 앞으로 부동산과 주식가격은 어느 방향으로 움직일까?

이 질문에 대한 대답을 PART 4에 모았다.

부동산 버블 붕괴
시작되나?

2010년 1월 가계대출이 1조 원 감소했다. 2월에는 8,000억 원 증가했지만 제2금융권을 제외한 은행대출만을 보면 2,000억 원이 감소했다. 3월에는 다시 1조 9,000억 원의 증가세로 돌아서긴 했지만 은행이 위험관리에 들어갔다는 분명한 신호다.

가계대출이 증가를 멈추면 가장 먼저 나타나는 현상은 아파트 가격의 하락이다. 한국이든 미국이든 아니면 그 어느 국가든 대출 증가 없이 부동산가격이 상승하기를 기대하는 것은 우물에서 숭늉을 구하려는 것보다 더 어리석은 일이기 때문이다.

수도권 아파트 가격은 이미 하락세로 돌아섰다. 때마침 민간경제연구소들이 아파트 가격이 과다하게 높은 수준이라며 향후 가격 하락을 예고하는 연구보고서를 줄줄이 발표하고 있으니, 아파트 가격 하락 속도는 더 빨라질 것이다.

은행의 주택담보 대출 조이기와 주택가격이 하락추세로 전환된 이

두 사실이 의미하는 바는 아주 심각하다. 서브프라임 사태의 시작을 알리던 2007년 말 미국의 모습과 아주 똑같이 닮았기 때문이다.

2001년 벤처버블이 꺼지자 미국 정부는 경제를 살리기 위해 사상 최저 금리를 장기간 유지했다. 그 결과 가계대출이 급증했다. 2001년 8.8%였던 대출 증가율이 2002년에는 11%로 두 자리 수나 올랐고, 2006년까지 5년간 두 자리 수 증가를 지속했다. 대출 증가에 힘입어 집값 역시 무섭게 뛰기 시작했다. 2002년에 12.2%, 2003년에 11.4% 상승하더니 2004년과 2005년에는 각각 16.2%와 15.5%라는 경이로운 상승률을 기록했다. 미국 가계들이 2002년 이후 '빚내서 집에 투자하기'에 몰두한 결과 부동산 버블이 무섭게 커졌던 것이다.

그러나 집값 상승이 무한정 계속될 수는 없고, 버블은 언젠가 꺼지기 마련이다. 미국의 집값 하락은 주택담보대출의 증가세 둔화와 궤도를 같이 한다. 2006년에 대출이 11.6%로 여전히 두 자리 수의 높은 증가율을 보였지만 집값은 0.7% 상승에 그쳤다. 그리고 그다음 해인 2007년에 대출이 7.9로 증가율이 떨어지자 집값은 9%나 급락했다. 미국이 분명하게 보여주는 사실은 대출 증가가 둔화하면 버블이 붕괴하기 시작한다는 사실이다.

2002년 이후 한국의 상황은 서브프라임 버블이 팽창하던 시기의 미국과 유사했다. 금리는 낮은 수준을 유지했고, 가계는 앞다투어 대출을 받아 집에 투자했다. 혹자는 가계대출 증가율이 미국보다 낮았다는 사실에서 위안을 찾으려 할지도 모른다. 2006년의 11.5% 증가가 최고치였으므로 2004년에 미국의 최고증가율 15.4%보다 훨씬 낮았기 때문이다.

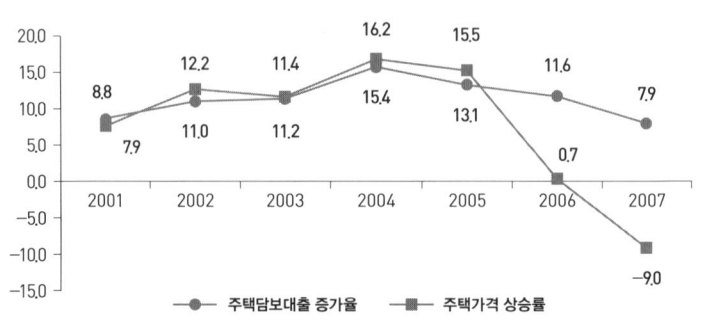

〈그림 4-1〉 미국의 주택담보대출 증가율과 주택가격 상승률　　　　　　　단위: %

자료: 미국 연방은행, S+P Shiller

　　그러나 노무현 정부에서 2006년부터 강력히 시행한 총부채상환비율DTI과 담보인정비율LTV을 피하고자 은행들이 주택을 담보로 대출하면서도 기업대출로 분류한 경우가 적지 않았던 점을 고려하면, 한국의 실질적인 가계대출 증가율은 미국보다 낮지 않았을 것으로 추정된다. 한국 역시 2002년부터 '빚내서 아파트 투자하기' 열풍이 불었던 것이다.

　　미국은 2007년부터 가계대출 증가세가 둔화하고 그 영향으로 집값이 하락했는데, 한국은 2007년 이후에도 가계대출이 무섭게 증가했다. 집값 버블이 미국보다 더 크게 팽창한 것이다.

　　2010년 들어 한국의 가계대출 증가세가 크게 둔화하고 있다. 2007년 미국에서 나타난 현상과 유사하다. 가계대출의 둔화가 집값 하락을 초래했던 미국의 사례가 한국에서도 재현될지 관심을 둬야 할 시점이다.

2010. 5, G Economy21

환율을 알면
주가가 보인다

주가를 움직이는 가장 중요한 요소는 기업이익이다. 그리고 2009년과 2010년 기업이익을 좌우하는 가장 큰 변수는 환율이었다. 이 사실을 가장 극명하게 보여주는 것이 삼성전자다. 2009년 삼성전자 매출액의 83%가 수출이었다. 그러므로 세계시장에서 삼성전자 제품에 대한 수요가 어떤지에 따라 삼성전자의 이익이 결정된다.

삼성전자의 주요제품은 반도체와 휴대전화 그리고 디스플레이다. 2009년 반도체의 세계수요는 30% 가까이 감소했고 휴대전화의 세계수요도 10%가량 감소했다. 디스플레이의 세계수요는 12% 줄었다. 글로벌 금융위기의 영향으로 주요 국가에서 가계소비가 크게 위축되었기에 생긴 현상들이다.

주요제품의 수요가 이 정도로 급격하게 감소하면 기업은 적자를 내는 것이 정상이다. 세계적인 IT 기업들이 모두 적자를 경험한 것은 이 때문이었다. 그런데 삼성전자는 금융위기 이전 세계 경제가 장기호황

국면을 누리던 2006년과 2007년보다 오히려 이익이 더 증가했다.

혹자는 이를 두고 "삼성전자가 기적을 이루었다"고 말하기도 한다. 이 덕분에 세계적인 IT 기업들의 주가가 곤두박질칠 때도 삼성전자의 주가는 승승장구했다.

2007년 말과 2010년 6월 8일의 주가를 비교하면 인텔은 24% 하락했고, 소니는 무려 58%나 폭락했다. 기업이익이 나빠지자 주가가 급락한 것이다. 이익이 오히려 증가한 삼성전자의 주가는 어땠을까? 그 기간에 삼성전자의 주가는 41%나 폭등했다.

2009년 전 세계가 몇십 년 만에 최악의 경제위기를 겪었고 IT 기업들은 매출과 이익이 급감했는데, 삼성전자만 순이익이 급증한 비법은 무엇일까? 더구나 주요 제품의 시장이 급격하게 축소되었는데도 순이익이 급증하는 마법 같은 일이 어떻게 가능했을까?

그 해답은 환율에 있다. 2007년 말 936원이었던 환율이 2009년에 평균환율 1,276원으로 무려 340원이나 폭등했다. 단순하게 계산해서 환율이 340원 상승하면 삼성전자의 이익은 약 11조 원 증가한다. 환율 폭등이 없었다면 삼성전자 역시 순손실을 입었을 것이라는 추정이 가능하다. 삼성전자뿐만 아니라 수출기업들은 모두 환율 상승의 덕을 톡톡히 보았다. 2009년 상장기업 순이익이 전년보다 71%나 급증한 것도 다 환율 덕택이다.

증권업계에서는 올해에도 상장기업의 이익이 작년보다 35% 이상 증가할 것이라는 장밋빛 전망을 하고 있다. 그리고 이런 전망을 근거로 투자자들에게 공격적인 주식투자를 권유하고 있다. 최근 유럽의 재정위기와 미국의 경기둔화 조짐으로 세계증시가 큰 폭의 조정을

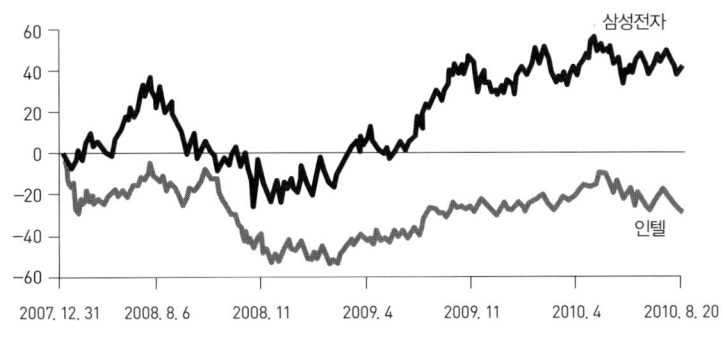

〈그림 4-2〉 삼성전자와 인텔의 주가 변동 비교 ・・・・・・・・・・・・・・・・・・・・ 단위: %

삼성전자

인텔

2007. 12. 31   2008. 8. 6   2008. 11   2009. 4   2009. 11   2010. 4   2010. 8. 20

자료: 한국거래소, 나스닥(NASDAQ)

받을 때도 한국증시는 조만간 상승추세로 복귀할 거라고 주장했다.

만약 증권업계의 주장대로 올해 상장기업의 이익이 35% 이상 증가한다면 한국의 주가는 세계증시보다 더 상승하거나 덜 하락할 것이다. 문제는 상장기업의 이익을 좌우하는 가장 큰 요소가 환율이라는 점이다. 만약 작년 상장기업의 이익증가에 가장 크게 이바지했던 환율이 올해는 반대 방향으로 움직인다면, 상장기업의 이익은 증권사의 예상치를 크게 밑돌 것이다.

2010년 들어 세계 경제가 전반적인 회복세를 보이고 있다. 주요 국가들이 큰 폭의 재정적자를 감수하면서 경기부양에 힘쓴 덕분에 수요가 살아나고 있다. BRICs 등 신흥국가들의 성장률은 금융위기 이전 수준을 회복하고 있다.

세계 경제가 회복되면 기업이익에 긍정적인 영향을 미치는 것은 누구나 아는 사실이다. 이를 근거로 증권사들은 상장기업의 이익이 올해도 매우 증가할 것이라고 입을 모으고 있다. 그러나 증권사의 이익 전망 보고서의 어디를 보아도 환율 하락에 따른 이익 감소는 반영되어 있지 않다. 환율이 세계 경제 동향보다 기업이익에 더 큰 영향을 미치는데도 말이다.

5월 중순 이후 외국인의 국내 주식 매도와 북한과의 무력충돌 위기로 환율이 치솟고 있다. 그러나 이러한 환율 상승은 계속되기 어렵다. 경제의 다른 부문에 심각한 악영향을 미치기 때문이다.

환율이 상승하면 가계소득은 감소한다. 가계소득을 수출기업의 이익으로 이전시키는 것이 환율 상승 효과다. 경제에 공짜 점심은 없다는 평범한 진리는 환율에도 그대로 적용된다.

소득이 감소하면 가계는 단기적으로는 저축을 줄이고 대출을 늘려서 소비를 유지하려 하지만, 장기적으로는 소비를 줄일 수밖에 없다. 그 결과 시간이 흐를수록 내수가 심각하게 침체하는 것은 필연적인 결과다. 가계소비가 GDP에서 차지하는 비중은 54%나 된다. 경제성장에도 부정적인 영향을 피할 수 없다.

그러므로 주식투자자들에게 이런 조언을 하고자 한다. 주가에 가장 중요한 요소인 상장기업의 이익을 제대로 전망하려면 환율 동향을 예의주시해야 한다. 또한 환율 상승으로 말미암은 내수침체가 기업이익에 미치는 영향도 함께 고려하는 것이 합리적인 투자자의 자세다.

2010. 7, G Economy21

부동산 버블 붕괴와
고환율 정책

끝없이 오르기만 할 것 같던 아파트 가격이 2010년 들어 아래쪽으로 고개를 떨구더니 5월 이후에는 하락속도가 빨라지고 있다. 한술 더 떠서 매수세마저 자취를 감추고 있어 환금성마저 위협받고 있다.

정부는 DTI를 풀어서라도 또다시 아파트 가격을 부양해보려 하지만, 사람들은 이미 '빚내서 부동산 투자하기'의 위험성을 알아버렸다. 금리를 사상 최저로 낮추고 온갖 부동산 관련 규제를 다 풀어서 개인들의 아파트 투자를 부추겼던 정부는 더 이상 쓸 카드가 남아 있지 않다.

가격 하락이 조금만 더 계속되면 집값이 대출금액과 전세금액의 합계를 밑도는 소위 '깡통 아파트'가 속출할 것이고, 은행 등 금융기관의 부실로 이어질 것이다. 'KB 아파트시세'가 올해 발생한 가격 하락을 거의 반영하지 않고 작년 말 시세를 유지하는 것도 담보부족의 발생을 감춰보려는 의도겠지만, 이런 눈속임은 오래갈 수 없다.

머지않아 아파트 가격 하락이 대출담보 가치를 하락시키고, 은행은 대출부실을 줄이기 위해 대출회수를 서두를 것이다. 개인들은 앞다투어 아파트를 팔아야 하고 그 결과 가격이 급락하는 악순환 과정이 시작될 수도 있다. 미국에서 서브프라임 버블 붕괴가 시작되던 2007년과 흡사한 모습이다. 그러니 부동산 버블 붕괴가 '한국판 서브프라임 사태'로까지 비화할 소지도 다분하다.

중요한 것은 가계의 대출 상환능력이다. 가계가 대출의 원금 일부와 이자를 꼬박꼬박 내기만 하면 은행은 대출 상환을 독촉하지 않을 것이다. 전문가들은 대출 상환능력을 평가하는 지표로 '가처분소득 대비 가계부채 비율'을 꼽는다. 가계는 벌어들인 소득, 즉 가처분소득으로 대출을 갚아나가기 때문이다. 가계부채가 많을수록, 가계소득이 낮을수록 가계의 상환능력은 떨어진다.

미국의 서브프라임 사태가 시작되던 2007년 말 이 비율이 138%였다. 2002년부터 미국 가계들이 '대출받아 집에 투자하기'를 수년간 지속한 결과 이 비율이 급등한 것이다. 그 상황이 되자 미국 가계들은 더 이상 대출을 늘릴 수 없어 집값은 하락하고 버블은 붕괴됐다.

한국 가계의 대출 상환능력은 어떤가? 놀라지 마시라. 2007년 말 한국 가계의 이 비율은 146%였다. 2007년 말에 이미 미국보다 더 악화된 상태였다.

그 후 가계의 부채 상환능력은 계속 악화 일로를 걸었다. 가계부채는 급증하고 가계소득은 감소했으니 상환능력이 나빠질 것은 불을 보듯 뻔한 일이었다. 가계부채가 급증한 것은 '대출받아 아파트 투자하기'의 결과였다.

<표 4-1> 환율 상승으로 인한 가계소득 감소 효과

연도	내수용 수입액	환율		가계지출액	가계손실액
2008년	U$ 2,576억	936원	→	241조 원	43조 원
		1,103원	→	284조 원	
2009년	U$ 1,926억	936원	→	180조 원	66조 원
		1,276원	→	246조 원	
2010년 상반기	U$ 1,223억	936원	→	114조 원	27조 원
		1,154원	→	141조 원	
합 계					136조 원

자료: 한국은행

    그리고 가계소득이 감소한 가장 큰 이유는 MB정부의 고환율정책이었다. MB정부 출범 직전인 2007년 말에 환율이 936원이었는데 2009년 평균환율이 1,276원으로 치솟자, 4인 가족의 한 가구당 평균 소득이 2009년 한 해에만 528만 원이 감소했다. MB정부 출범 후 2010년 상반기까지 2년 6개월간 감소한 금액은 1,088만 원에 이른다.

    가계의 부채 상환능력이 떨어지면 은행은 위험관리를 위해 대출을 줄이는 것이 금융의 기본이다. 그런데 MB정부는 은행들에 대출원금 상환을 무한정 연장하도록 지도했고 은행들은 거기에 기꺼이 따르고 있다. 금융위기가 발생하자마자 취했던 사상 최저 금리라는 극약처방도 무리하게 유지하고 있다.

    그러나 가계의 소득이 많이 감소했으니 대출을 내서 무리하게 아파트에 투자한 사람들은 이자를 갚느라 생활이 쪼들리고 있다. 대출원금 상환은 엄두도 못 내고 있다. 가계의 재정상황이 이런 정도이니 어느 누가 '대출받아 아파트 투자하기'에 나서겠는가?

가계의 상환능력에 비해 무리하게 대출을 해준 은행들도 가계소득이 이 정도로 크게 감소하자 공격적인 대출확대에 부담을 느끼고 있다. 그나마 대출 연체율이 낮은 수준을 유지하고는 있지만, 그것도 원금은 상환하지 않고 이자만 내도록 하는 극약처방을 무리하게 유지하기 때문이다. 이런 비정상적인 처방이 오래갈 수는 없다.

고환율정책이 가계의 실질소득을 감소시키고, 소득 감소가 부동산 버블 붕괴를 재촉하고 있는 형국이다. 그런데도 MB정부는 버블의 마지막 불씨인 주식버블이 꺼지는 것을 막기 위해 도를 넘는 고환율정책을 무리하게 밀어붙이고 있으니 답답할 따름이다.

2010. 8. 30. 내일신문

강남 아파트는
다르다?

:
:

부동산 버블 붕괴를 알리는 신호들이 여기저기서 터져 나온다. 수
도권 아파트 가격은 하락추세를 굳히고, 한술 더 떠서 매수세마저 자
취를 감추었다.

아파트보다 더한 굉음이 울리는 곳은 대형 프로젝트 사업들이다.
단군 이래 최대 사업인 '용산역세권 개발사업'이 좌초되고, 5조 원 규
모의 판교 알파돔시티도 좌초 직전이다. 일일이 다 거론하자면 끝이
없다. 버블이 붕괴할 때 가장 먼저 무너지는 곳이 리스크가 큰 부분
이라는 사실을 상기하면, 대형 프로젝트의 좌초는 뚜렷한 버블 붕괴
의 신호다.

그런 와중에도 색다른 주장을 펴는 사람들도 있다. 그중 하나가
"강남은 다르다"는 말이다. 수도권과 서울의 부동산이 제아무리 하
락해도 강남은 버틸 수 있다고 목소리를 높인다.

그 주장을 하나하나 반박하는 대신 최근 국내에서 출판된 신간 하

나를 소개하는 것이 투자판단에 더 도움이 될 듯하다. 금융위기의 원인을 분석한 『이번엔 다르다This Time is Different』라는 책의 메시지가 정곡을 찌르기 때문이다. 메릴랜드 대학교의 카르멘 레인하트 교수와 하버드 대학교의 케네스 로고프 교수가 공저한 이 책은 과거 발생한 모든 금융위기의 원인을 분석하고 이렇게 결론을 맺는다.

"과다한 부채의 증가(그것이 정부든 은행이든 기업이든 혹은 개인이든)가 금융위기의 원인이었다. 부채가 증가해서 버블이 커지고 결국 버블이 터져 금융위기가 발생한다. 부채가 급증하면 위험하다는 것은 누구나 아는데도 버블이 생기는 것은 '이번에는 다르다'는 생각이 사람들을 사로잡기 때문이다."

10여 년 전 우리도 직접 경험했던 벤처버블에서 그 메시지를 확인할 수 있다. 그때 벤처 주식 투자자들을 사로잡았던 말은 '패러다임 쉬프트paradigm shift'였다. 주식가격에 대한 과거의 판단 기준은 아주 쓸모없는 것이 되었고, 인터넷 주식은 다른 기준으로 평가해야 한다는 황당한 주장이었다. 그 기준이라는 것은 금융이론과도 맞지 않는 터무니없는 것이었다. '이번에는 다르다'는 생각이 일종의 마법주문인 셈이었다. 이 마법의 주문이 강하게 사람들의 뇌리에 파고들자 너도 나도 앞다투어 말도 안 되는 가격에 인터넷 주식을 매수했다. 그리고 그 결과는 처참했다. 결국 이번에도 역시 다르지 않았던 것이다.

2009년 다른 나라들은 부동산과 주식이 급락하는데 한국만 홀로 급등할 때도 '한국은 다른 나라와 다르다'는 말이 사람들을 지배했다. 그리고 2010년 부동산가격이 꺾이자 말이 바뀌어 '강남의 부동산은 다른 지역과 다르다'가 됐다.

중요한 점은 주식과 부동산의 적정가치를 결정하는 것이 실물경제라는 사실이다. 그리고 경제 전문가들이 입만 열면 말하듯 한국 경제는 소규모 개방경제다. 즉, 세계 경제와 따로 갈 수 없다는 의미다. 그러므로 한국의 주식과 부동산가격이 전 세계와 단기적으로는 다를 수 있지만 오랫동안 괴리될 수 없다.

단기적으로 전 세계와 따로 갈 수 있었던 이유는 유동성의 차이였다. 미국 등 선진국은 유동성이 축소되는 디레버리징deleveraging을 겪고 있는데, 한국만 대출이 급증했고 그 결과 시중 유동성이 급증해 주식과 부동산가격이 급등한 것이다. 그런데 2010년 들어 부동산가격이 하락하는 이유는 사람들이 더 이상 빚내서 아파트에 투자하지 않기 때문이고, 그 결과 유동성 증가가 주춤했기 때문이다. 2009년에 한국만 즐겼던 '유동성 파티'가 끝나가는 것이다.

2010년 수도권과 서울의 다른 지역보다 강남 아파트의 하락률이 상대적으로 낮았다. 이를 계기로 '강남은 다르다'는 주장이 힘을 얻었다. 그러나 주식 강세장이 끝나갈 때면 으레 나타나곤 하는 상승 종목 슬림화 현상이 부동산 시장에 나타난 것에 불과하다. 상승 에너지가 약화되어 상승 종목이 줄어드는 것과 같은 현상이다. 그러나 과거의 경험으로 미루어볼 때 하락세가 조금만 더 진행되면 그 종목들도 하락세에 합류하게 되고, 그때는 그 종목들의 하락률이 더 커질 것이다.

미국의 사례에서 역시 이런 사실을 확인할 수 있다. 주요 20개 도시의 집값을 비교해보면, 부동산 버블 시기에 가장 많이 올랐던 도시

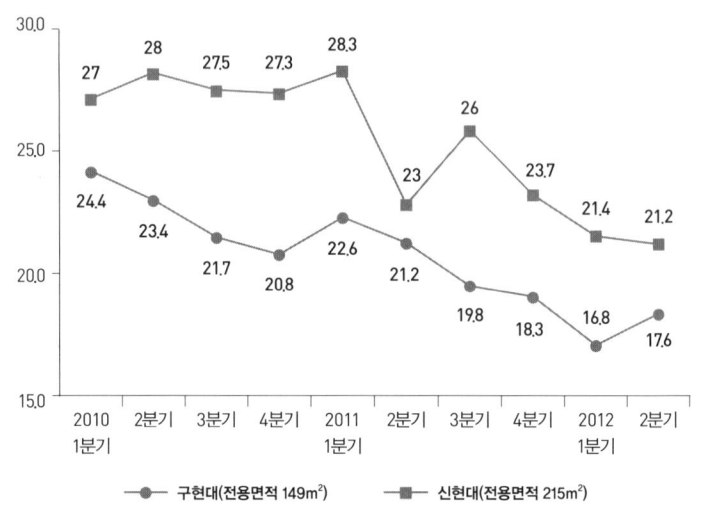

자료: 국토해양부

의 집값은 버블이 붕괴하자 하락폭이 가장 커졌다.

   그럼에도 '강남은 다르다'는 주장이 힘을 얻고 있다면 의심을 해봐야 한다. 혹시 이런 주장에 의해 말도 안 되는 버블을 키우고 있지는 않은지 말이다.

2010. 9, G Economy21

DTI 완화로
아파트 가격이 상승할까?

···

정부가 DTI를 완화한 지도 한 달이 지났다. 시장의 기대를 훌쩍 뛰어넘는 강력한 부양책이었으니, MB정부의 부동산 부양에 대한 의지가 얼마나 강한지를 여실히 보여준다. DTI 완화가 필연적으로 초래할 크나큰 부작용에 대해 많은 전문가가 경고의 목소리를 낸 것도 모조리 묵살할 정도였다. 대책이 나오자마자 보수언론들은 '급매물이 자취를 감추었다'느니 '소형평수 위주로 매수가 살아나고 있다'느니 하면서 또다시 아파트 투자를 부추겼다.

정부와 보수언론이 한마음으로 부동산 부양을 위해 혼신을 다했으니 부동산가격은 상승세로 돌아섰을까? 지난 한 달 동안 부동산 시장은 정부와 언론의 의지와는 반대 방향으로 움직였다. 오르기는커녕 하락세를 지속했으니 DTI 완화 조치도 먹혀들지 않을 정도로 부동산 하락은 도도한 흐름이 되었음을 알게 했다.

DTI 완화라는 대형 부양책마저 먹혀들지 않는 이유는 무엇일까?

그것은 더 이상 '대출받아 아파트 투자하기'에 나설 사람이 없기 때문이다. 2001년 이후 2008년까지 7년간 아파트 가격이 힘차게 상승하는 동안 아파트를 살 여력이 있는 사람들은 거의 모두 아파트를 샀다. 아파트 가격이 상승을 지속하자 여력이 부족한 사람들마저 대출을 받아 아파트를 샀고, 아파트를 소유한 사람들은 대출을 받아 또 아파트에 투자했다.

마지막 남은 실수요자들마저 2009년과 2010년 정부가 강력한 부동산 부양책을 펼치자 불안한 마음을 견디지 못하고 매수대열에 합류했다. MB정부는 대출의 원금은 내지 않아도 되고 이자 부담마저 사상 최저로 낮추는 극단적인 금융정책을 유지했으니, 사람들은 대출받기를 두려워하지 않았다. 이처럼 모아둔 돈이 부족해 아파트를 살 수 없던 사람들마저 무리해서 아파트를 사도록 했으니, 더 이상 대출받아 아파트에 투자할 사람을 찾기 어려운 상황이 됐다.

이것을 단적으로 보여주는 것 중의 하나가 대출금리다. 대출금리란 대출시장에서 수요와 공급이 만나서 결정되는 일종의 가격이다. 가격이란 수요가 증가하면 올라가고 수요가 감소하면 내려간다. DTI의 파격적인 완화가 발표된 이후 대출받아 아파트에 투자하려는 수요가 살아났다면 금리는 상승해야 했다. 그러나 가계대출금리는 줄곧 하락했다. 가계대출의 수요가 오히려 감소하고 있음을 분명하게 보여주는 증거다.

아파트에 대한 수요는 줄어드는데 대기 매도물량은 엄청나다. 2010년 하반기에 새로 입주하는 아파트가 수도권에만 8만 8,000가구다. 이들 중 상당수는 아파트를 이미 보유하고 있는데, 더 넓은 평

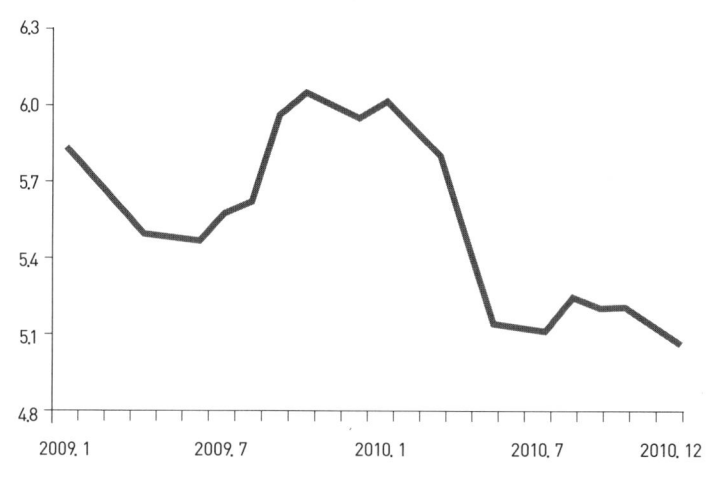

6.3

6.0

5.7

5.4

5.1

4.8

2009. 1　　　2009. 7　　　2010. 1　　　2010. 7　　　2010. 12

자료: 한국은행

수로 늘려가기 위해서 또 분양을 받은 사람들이다. 그들은 새 아파트 입주자금 마련을 위해 지금 사는 아파트를 팔아야 한다. 그런데 가격이 하락하고 매수세가 자취를 감추자 매도를 미뤄왔다. 정부가 부양책을 발표하고 가격이 반등하면 그때 팔겠다는 생각이었다.

그들의 기대를 저버리지 않고 정부는 DTI를 폐지하다시피 했다. 그런데 예상을 뛰어넘는 강력한 부양책에도 가격이 오르지 않았다. 더 이상 강력한 부양책을 기대할 수 없으니 새 아파트 잔금을 치러야 하는 사람들은 기존 아파트를 팔아야만 한다.

수요는 줄고 매물이 늘면 가격이 하락하는 것은 경제의 기본원리다. 하락폭이 어느 정도가 될지는 매수세가 얼마나 될지에 달렸다. 매수세가 얼마나 되는지를 보여주는 지표는 거래량이다. 2010년 5~7월

3개월간 수도권에서 거래된 아파트는 총 2만 5,000가구다. 거래량이 그 정도로 적었던 것은 지금 가격에서 아파트를 매수하려는 수요가 이 정도밖에 안 되기 때문이었다. 그런데 새 아파트 입주를 위해 아파트를 팔아야 할 잠재 물량은 8만 8,000가구다. 이 중 30%만 매물로 나온다고 해도 수도권에서만 2만 6,000가구다. 다른 매도 물량 전혀 없이 새 아파트 입주를 위한 물량을 소화하는 데만도 3개월이 더 걸리는 것이 지금 수도권 아파트 시장의 수요와 공급 상황이다.

강력한 부양조치의 효과가 없다는 것을 확인한 매도자들이 물량을 내놓기 시작하면 아파트 시장의 수급이 무너지고 가격은 곤두박질칠 가능성이 높다. 더구나 이번 부양책 이후에는 정부가 쓸 수 있는 카드가 없다. 그리고 사람들은 이 사실을 모두 알고 있다. 하루라도 빨리 아파트를 팔아야 손실이 작을 거라고 판단하는 사람들이 늘어날 가능성이 크다는 뜻이다. 수많은 사람이 목 빠지게 고대했던 DTI 완화가 아파트 가격의 재상승이 아니라 폭락을 부를 가능성이 더 큰 상황이다.

2010. 10, G Economy21

전셋값 상승의
진짜 이유

집값은 내려가는데 전셋값은 상승하고 있다. 집주인이 집을 싸게 구입해 전세를 내놓을 수 있으므로 전셋값도 더불어 하락해야 정상인데 오히려 오르고 있다. 일부 언론과 소위 부동산 전문가라 불리는 사람들은 전셋값 상승이 집값 상승을 이끌 것이라며, 또다시 집 없는 사람들의 불안감을 자극한다. 과연 전셋값 상승이 집값 상승의 신호일까?

먼저 전세의 수요와 공급요인을 점검해보자. 올해 수도권에서만 새로 입주하는 아파트가 17만 가구가 넘는다. 그 숫자만큼 전세공급이 늘어난 것이다. 전세 수요는 어떤가? 오랫동안 수도권 전세수요를 견인했던 지방인구의 수도권 유입은 몇 년 전부터 거의 멈췄다. 젊은 세대들이 결혼을 늦추거나 아예 피하는 풍속도 역시 전세수요 증가에 제동을 걸고 있다.

전세수요는 늘지 않고 전세공급은 많이 증가했다. 수요와 공급의 법칙에 의하면 이런 상황에서 전셋값은 하락해야 하는데 시장은 그와 반대로 움직이고 있다. 다른 특별한 이유가 있을까?

전세를 구하지 못해 애타는 사람들이 인터넷에 올린 하소연의 글을 보면 대개 이런 내용이다. "전세로 나온 집들은 많다. 그런데 등기부 등본을 확인해보면 대출을 받지 않은 집을 찾기 어렵다. 사정이 이러니 대출이 없는 집은 비싼 가격에라도 전세계약을 체결할 수밖에 없다."

세입자들이 대출이 있는 아파트는 전세를 피하다 보니 전세가가 상승했다는 이야기다. 시세가 5억 원인 아파트에 대출이 2억 5,000만 원이 있는 경우를 예로 들어보자. 이럴 때에도 2009년까지는 2억 원의 전세 보증금을 내고 전세를 살았다. 아파트 가격이 급락하는 일은 없을 것이라 철석같이 믿었기 때문이다. 그러나 2009년 들어 아파트 가격이 급락했고, 향후에도 상당기간 하락이 계속될 것이란 생각을 누구나 하고 있다. 그러므로 만약의 때를 대비하지 않을 수 없다.

가령 위의 아파트가 경매에 부쳐지고, 시세의 70%인 3억 5,000만 원에 낙찰이 된다면 전세 세입자는 보증금을 1억밖에 돌려받지 못한다. 아파트 가격이 더 하락한다면 전세 보증금 전액을 날릴 수도 있다. 그러니 어느 간 큰 사람이 대출이 있는 아파트에 전세를 살겠는가?

국민은행이 2010년 9월 7일 발표한 '전국주택가격동향조사'에 의하면 2010년 8월 임차계약을 한 세입자의 42.3%가 월세계약을 했다. 과거에 비하면 상당히 높은 비율이다. 대출이 있는 아파트에 전세 들었을 경우에 자칫 전세 보증금을 날릴지도 모를 엄청난 위험을 피하려는 세입자들의 고육지책이었다.

향후에도 이런 추세는 계속될 수밖에 없다. 전 세계에서 우리나라에만 유일하게 존재하는 전세제도가 빠른 속도로 사라지고 있는 것이다. 전세제도 소멸이 부동산 시장에 미칠 영향은 어떨까?

사실 전세제도란 월세보다 집주인에게 불리한 제도다. 전세 보증금을 받아 은행에 예치하면 연 5% 정도의 수익을 얻는데, 월세를 놓으면 10% 내외의 수익을 얻을 수 있기 때문이다. 이처럼 수익이 낮은데도 불구하고 집주인들이 전세를 선호했던 이유는 적은 돈으로 집에 투자할 수 있었기 때문이다.

그러나 세입자들이 대출이 있는 집에 전세 들기를 피하면서 앞으로는 전세를 끼고 아파트에 투자하는 현상은 급감할 수밖에 없다. 전세제도가 사라지면서 아파트에 대한 투자수요가 급감할 수밖에 없게 된 것이다. 더욱이 대출이 있는 아파트의 전세 만기가 돌아오면 세입자는 더 이상 그 집에 전세로 살려 하지 않을 것이다. 그러므로 집주인은 전세 보증금을 돌려주기 위해 추가로 대출을 받거나, 대출이 어려우면 아파트를 팔 수밖에 없다.

전세제도가 사라지면서 앞으로 아파트에 대한 투자수요는 급감하고 매물은 급증하는 결과가 초래될 것이다. 전셋값 상승이 집값 상승으로 이어지기는커녕 아파트 가격 급락을 알리는 신호가 됐다.

2010. 11, G Economy21

자산가격에
거품이 없다고?

:

"자산가격에 거품 징후 없다."

2010년 12월 13일 외신기자클럽 간담회에서 한국은행 총재가 한 말이다. 신문기사나 방송을 통해 이 말을 전해 듣는 순간 '의외' 혹은 '놀람'을 넘어 '경악'을 금치 못한 사람들이 많았을 것이다. 왜냐면 이 말이 가져올 파급효과가 실로 끔찍했기 때문이다.

당시에 아파트 구매를 놓고 고민하는 사람들이 많았다. 집이 없는 사람들은 물론 집이 있는 사람 중에서도 또 아파트에 투자할지를 망설이는 사람들이다. 최근 서울을 비롯한 수도권 아파트 가격이 급락세를 멈췄다느니, 아파트 거래량이 증가했다느니 하는 뉴스들이 그런 고민을 불러오는 촉매제다.

그럼에도 불구하고 아파트 투자에 쉽게 나서지 못하는 이유는 지금의 아파트 가격이 비이성적으로 높다고 생각하기 때문이다. 아파트 가격이 2001년 이후 거의 10년간 상승했는데 이제 겨우 반년 간의 조정으로는 불충분하다는 생각, 그리고 미국을 비롯한 전 세계의 부동산 폭락과 비교할 때 한국의 하락폭이 지나치게 작다는 점도 아파트 투자를 망설이게 한다.

이런 상황에서 한국은행 총재의 "거품징후 없다"는 말은 바로 "아파트 가격에 거품이 없으니 마음 놓고 아파트에 투자해도 된다"는 말로 들렸을 것이다. 더구나 경제성장률이 6%를 넘어서는데도 한국은행은 금리를 사상 최저 수준으로 붙들어두면서 대출받아 아파트 투자하기에 더없이 좋은 금융환경까지 만들어 놓고 있다.

2010년 초 이후 몇몇 경제연구소들이 '한국의 주택가격이 주요 국가들에 비해 상당히 높다'는 연구 결과를 줄줄이 발표했다. 2010년 3월 10일 현대경제연구원은 아파트 가격이 구조적으로 하락기에 진입했다는 연구 결과를 발표했다. 곧이어 3월 23일에는 산은경제연구소가 '한국의 집값이 미국과 일본 수준이 되기 위해서는 지금의 40% 정도 떨어져야 정상이다'라는 내용의 연구 결과를 발표했다. 김광수경제연구소는 이미 2009년부터 아파트 가격이 지나치게 높다는 연구 결과를 여러 차례 발표했다. 이들 연구 결과를 달리 표현하면 '한국 아파트 가격에 큰 거품이 끼었다'는 말이다.

더 중요한 사실은 아파트 버블이 가계부채 문제를 극도로 악화시켰다는 점이다. 미국의 서브프라임 버블과 마찬가지로 한국의 가계역시 지난 10년간 대출받아 아파트에 투자하는 데 공격적이었고, 그 결과 아파트 가격이 폭등했다. 2010년 상반기 내내 하락세를 지속했던 아파트 가격이 최근 하락세를 멈춘 이유도 가계대출의 급증 덕분이었다. 그 결과 한국의 가계대출이 전 세계에서 가장 위험한 상태에 이른 사실은 전문가가 아니라도 모두 알고 있다.

IMF 역시 이런 위험을 여러 차례 지적했다. 2010년 7월 6일 발표한 「2010년 한국에 대한 경제정책 자문」에서도 "통화정책의 목표는 물가 관리만이 아니라 자산가격의 버블을 사전에 방지하는 것까지 포함해야 한다"고 조언했다. 한국 자산가격에 거품이 크게 끼어있다고 판단했기에 이런 강한 톤의 경고성 자문을 한 것이다.

IMF를 비롯한 국내외 연구기관들이 심각하게 제기하는 가계부채 문제 해결은 통화정책의 결정권한을 가진 한국은행 책임이다. 그럼에도 "자산가격에 거품은커녕 징후조차 없다"며 아파트 투자를 부추기는 한국은행 총재의 발언은 지극히 무책임하다.

한국은행 총재가 부적절한 발언을 한 저의가 무엇인지는 쉽게 알아차릴 수 있다. 앞으로도 계속 돈을 풀겠다는 것이다. 그러기 위해 사상 최저 수준의 금리를 그대로 유지하겠다는 의도가 그 발언에 담겨 있다. 그 때문에 필연적으로 초래될 가계부채의 급격한 증가와 부작용은 안중에도 없는 듯하다.

바로 몇 년 전 미국에서 벌어진 엄청난 사태와 그로 인한 국민의 고통을 모두가 두 눈 크게 뜨고 똑똑히 지켜봤을 터인데, 통화정책을 책임지는 한국은행의 총재는 거기에서 어떤 교훈도 배우지 못한 것인지 답답한 마음이다.

2010. 12. 30, 내일신문

인플레이션이 오면
부동산가격이 오를까?

∴

얼마 전 참석했던 어느 모임에서 부동산 시장이 화제에 올랐다. 아파트 가격이 상승할지 아니면 하락할지에 대해 의견이 팽팽한 가운데 누군가 이런 말을 했다. "올 2월 소비자물가가 4.5%나 올랐다. 바야흐로 인플레이션 시대가 도래했다. 인플레이션이 오면 부동산가격은 오르는 것이 상례다." 그리고 제법 그럴듯한 설명을 덧붙였다. "인플레이션이 발생한 것은 돈이 많이 풀렸기 때문이다. 시중에 돈이 많이 풀리면 아파트를 비롯한 부동산가격은 상승한다."

그 자리에 참석한 몇 사람은 이 설명에 고개를 끄덕이기도 했다. 그러나 과연 그의 말이 맞을까? 2011년 2월 생산자물가는 소비자물가보다 훨씬 더 높은 6.6%나 상승했다. 2011년 내내 국민이 물가고통에서 벗어나기 어려울 것임을 예고한 것이다. 그러니 부동산은 거침없이 상승할까?

경제학에서는 '인플레이션이란 화폐가치가 하락하는 현상'이라고 설명한다. 화폐가치가 하락하면 물건의 가치는 상승하므로 지금 같은 인플레이션 시기에는 부동산가격이 오를 것이라는 전망이 일견 타당하게 들린다. 그러나 거기에는 상당히 큰 논리적 허점이 있다.

먼저 인플레이션의 근본 원인인 통화량 증가부터 살펴보자. 한국은행의 통계를 보면 총통화가 2004년 57조 원 증가했는데, 2007년에는 그 두 배가 넘는 124조 원 증가했다. 전 세계에 금융위기의 핵폭풍이 휘몰아친 2008년과 2009년에는 무려 152조 원과 141조 원이 증가했다.

이 정도로 엄청나게 통화가 증가하면, 즉 시중에 돈이 풀리면 인플레이션이 발생한다. 그런데 소비자물가는 2009년과 2010년에 각각 2.8%와 2.9% 상승하는 데 그쳤다. 다른 나라에 비하면 상당히 높은 수준이었지만, 폭발적인 통화량 증가를 고려하면 본격적인 인플레이션이 발생한 것은 아니었다.

돈이 엄청나게 풀렸는데도 인플레이션이 본격화하지 않은 이유는 무엇일까? 불경기였기 때문이다. 경기가 불황이었으니 소비자는 소비를 늘리지 않았고, 기업은 투자를 늘리지 않았다. 돈은 많이 풀렸는데 그 돈이 '물건'으로 흘러가지 않았기 때문에 물건의 가격이 오르는 인플레이션이 발생하지 않은 것이다.

그렇다면 그 많은 돈은 모두 어디로 갔을까? 바로 자산시장으로 흘러들었다. 그래서 2008년 말 글로벌 금융위기의 충격으로 급락했던 수도권 아파트 가격이 급등했고, 주식시장 역시 호황을 구가할 수 있었다. 쉽게 말해 인플레이션의 한 형태인 '자산 인플레이션'이 발생한 것이다. 지금 많은 사람이 기대하는 자산 인플레이션은 향후 발생할 현상이 아니라 2009년과 2010년에 이미 발생한 현상이다.

그리고 시간이 흘러 경기가 차츰 회복되면서 시중에 넘치는 돈이 '물건'으로 흘러가기 시작했다. 이에 따라 당연히 물건의 가격이 오르는 인플레이션이 발생하고, 국민은 물가고통에 신음했다.

자산 인플레이션이 발생할 때 이를 애써 외면하던 정부와 통화 당국은 인플레이션으로 국민의 불만이 강하게 표출되기 시작하자 금리를 인상하는 조처를 하기 시작했다. 몇 차례의 금리 인상에도 물가폭등은 수그러들 기미를 보이지 않고 있다. 이는 향후 상당한 폭의 금리 인상이 추가로 실행될 것임을 강하게 예고한다.

요약하면 이렇다. 부동산이 상승하는 이유는 인플레이션이 아니라 통화량 증가에 있다. 정작 인플레이션이 발생하면 금리 인상이 반드시 뒤따르고, 그 결과 통화량 증가는 주춤해진다. 그러면 통화량 증가에 힘입어 상승했던 부동산가격은 하락세로 전환하는데, 지금 한국은 이 시점에 서 있는 것이다.

2011, 4, G Economy21

주가,
왜 폭락했을까?

.
.
.

2011년 8월 2일부터 9일까지 주가가 무려 371포인트 하락했다. 6일간 주가가 17%나 폭락한 것은 2008년에 금융위기가 터졌을 때도 없던 일이다. 왜 주가가 단기간에 대폭락했을까?

8월 4일 자 어느 신문은 '미국 더블딥 우려, 유럽 디폴트 위기, 두 공포가 덮쳤다'는 머리기사로 세계증시의 동반폭락을 설명했다. 그러나 이 두 가지는 이미 수십 번이나 주식시장을 출렁이게 했던 오래된 악재였다.

금요일인 8월 6일 미국 증시가 마감한 뒤 스탠더드앤드푸어스S&P는 미국의 신용등급을 강등했다. 대형악재이긴 했지만 이 역시 아주 새로운 뉴스는 아니었다. 7월 내내 국채발행 한도 증액이 증시의 머리기사를 장식하면서 투자자들은 "미국 신용등급의 하향 가능성"이란 말을 귀가 따갑게 들었다. 무엇보다도 그것이 글로벌 금융위기의 발생보다 더 큰 악재일 수는 없었다.

그러면 도대체 무엇 때문에 주가가 무서울 정도로 폭락했는가? 그 대답은 미국과 유럽의 경제와 재정문제라는 외부요인이 아니라 주식시장의 내부에서 찾아야 한다.

2008년 하반기 금융위기가 발발하자 미국은 밤낮없이 윤전기를 돌려 기축통화인 달러를 찍어냈다. 그 돈은 실물경제로 가지 않고 주식시장과 원자재 시장으로 몰려갔다. 거대한 '머니게임'이 시작된 것이다. 실물경제는 좋아지지 않는데 주식과 원자재가격만 오르는 버블현상이 2년여간 계속됐다.

실물경제에 근거해서 가격이 오르지 않았으니 가격 하락 역시 실물경제와 전혀 관련 없이 발생한다. 어떤 사건이 계기가 되어 어느 날 갑자기 버블이 폭삭 꺼질 수도 있다.

헤지펀드의 황제 조지 소로스는 2009년 10월 26일 자신의 고향인 부다페스트의 한 대학교 강연에서 자신의 오랜 경험을 토대로 '머니게임'의 결말을 이렇게 예견했다. "모든 버블은 상승과 하락이 비대칭으로 나타난다. 상승boom은 길게 계속되는 반면, 하락bust은 짧고 깊다. 환상은 공포로 변하고 절정에 이르면 금융위기를 초래한다."

2011년 8월 2일부터 며칠간의 대폭락은 조지 소로스가 예고한 '머니게임' 종말의 모습 그대로였다.

한국은 다르다며 펀더멘털에 근거해 주가가 올랐다고 언성을 높일 사람이 있을지도 모르겠다. 하지만 과연 그럴까?

MB정부는 고환율을 오랫동안 유지했다. 국제투기자금의 눈에는 한국이 주가차익뿐만 아니라 환차익도 얻을 수 있는 최상의 투기처로 보였을 것이다. 당연히 달러가 물밀 듯 밀려왔다. MB정부는 이 달

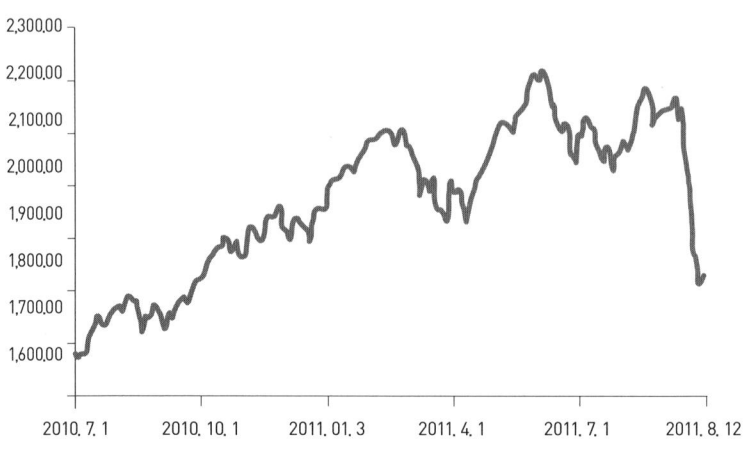

자료: 한국거래소

러를 계속 비싼 가격에 사주었다.

그뿐이 아니다. 한국은행은 사상 최저 금리를 오랫동안 유지해 국내 유동성의 증가를 부채질했다. 필연적으로 시중에 유동성이 넘쳐났고, 지난 2년간 한국의 주식과 부동산 상승률은 미국 등 다른 국가들을 큰 폭으로 초과했다.

그러나 버블이 크게 팽창한 시장일수록 하락국면이 시작되면 하락폭이 더 커지게 마련이다. 이번 대폭락 국면에서 신용등급이 강등된 미국보다 한국의 주가가 더 무섭게 폭락한 것에서 이런 사실을 확인할 수 있다.

아직도 시중에는 돈이 많다. 그러므로 어느 순간 돈이 다시 또 불나방처럼 주식시장에 몰려들 수는 있다. 그러나 시간이 지날수록 수익은 낮아지고 위험은 극대화된다.

　주식이든 부동산이든 투자의 기본은 수익Return과 위험Risk을 정확히 판단하는 것이다. 이번 주가 대폭락을 통해 지금 주식시장에 잠재한 위험의 크기가 얼마나 큰지를 깨달아야 할 것이다.

2011. 8. 12. 내일신문

아파트 가격은
오를까?

⋮

'전세가 시세의 90%까지 상승'

한동안 잠잠하던 아파트 가격 상승론이 다시 고개를 들었다. 근거는 전셋값 상승이다. 전셋값이 일부 소형평수는 매매가의 90%까지 올랐다고 한다. 조금만 돈을 보태면 아예 집을 살 수 있으니 전세수요가 매수수요로 전환하는 현상이 나타나고 있다. 이런 현상이 아파트 가격 상승으로까지 이어질까?

아파트 가격이 상승할지 하락할지에 대한 논쟁은 이미 2년여간 진행됐다. 결과를 놓고 보면 아직도 누가 승자인지 가려지지 않았다. 국토해양부가 발표하는 아파트 실거래가지수는 2009년 말 대비 수도권은 3.1% 하락했고 전국으로는 9.3% 올랐기 때문이다.

모든 상품의 가격은 수요와 공급의 원리에 의해 결정된다. 아파트 시장도 예외는 아니다. 그리고 아파트 시장은 수요가 공급보다 더 중요하다. 왜냐면 수요가 많으면 공급이 늘고 수요가 적어지면 공급이

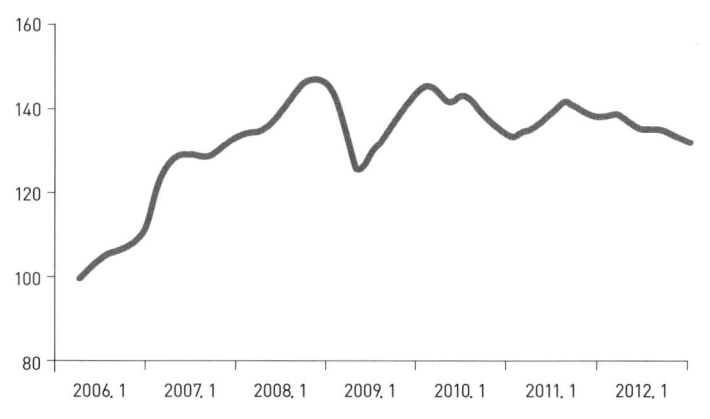

〈그림 4-6〉 수도권 아파트실거래가지수

160

140

120

100

80

2006. 1   2007. 1   2008. 1   2009. 1   2010. 1   2011. 1   2012. 1

자료: 국토해양부

* 아파트실거래가지수: 기준년도의 아파트 가격을 100으로 봤을 때, 다음해 집값의 오르내림 정도를 반영해 표기한다.

따라 줄어드는 것처럼 수요가 공급을 좌우하기 때문이다.

아파트 수요를 좌우하는 요소는 무엇일까? 가계대출이 가장 중요한 요소라는 데 이의를 제기할 사람은 없을 것이다. 아파트를 살 때 대출 없이 자기 자금만으로 사는 사람은 극히 드물기 때문이다. 이런 현상은 비단 한국만이 아니라 금융이 잘 발달한 미국 등 선진국이나 중국에서도 마찬가지다.

2011년 8월 26일 지방의 가계대출이 급증했다는 기사가 눈길을 끌었다. 지난 1년 6개월간 비수도권 가계대출이 14.5%나 증가해서 수도권을 앞질렀다고 한다. 2010년부터 부산을 비롯한 지방의 아파트 가격이 껑충 뛰었다는 기사가 눈길을 끌었는데 이도 바로 대출의 힘이었다.

아파트 가격의 동향을 좌우하는 가계대출 증가속도는 향후 어떻게 될까? 최근 보도되는 기사를 보면 그 답을 알 수 있다. '2분기 가계대출 20조 증가, 54개월 만에 최대 폭', '1,000조 가계 빚, 경제 시한폭탄'. 2011년 9월 17일 자 기사 제목들이다. 가계부채가 과다한 수준이어서 언제 터질지 모르는 시한폭탄처럼 위험하다고 한다.

흥미로운 사실은 2분기 가계대출이 20조 원이나 증가해 증가금액이 사상 최대인데도 지난 2분기 수도권의 아파트 가격은 오히려 하락했다는 것이다. 왜 그럴까?

가장 큰 이유는 20조 원의 가계대출 중 상당액이 아파트 신규매수가 아닌 다른 곳으로 흘러갔기 때문일 것이다. 2~3년 전에 분양받은 아파트의 잔금을 치러야 하는데 기존의 아파트가 팔리지 않으니 또 대출을 받은 경우가 많았을 것이다.

가계대출이 필요한 곳은 또 있다. 당시 신문기사에 '가계 이자 부담 사상 최고치(8월 24일 자)', '금융권 연체자 18만 명 늘어, 연체대란 예고(9월 18일 자)' 등의 내용을 볼 수 있다.

가계대출이 급증하자 대출이자 부담이 함께 늘고 있다. 정부는 금리를 사상 최저로 붙들어두고 있는데도 이자 부담이 사상 최고가 될 정도로 대출이 증가했다. 대출이자 지급을 위해서 또 대출을 받아야 할 지경에 이른 것이다.

가계소비를 위해 대출을 받는 경우도 증가하고 있다. MB정부 3년 반 동안 가계소득은 거의 늘지 않았는데, 가계들은 소비를 줄이지 않고 있으니 대출을 받아야만 소비가 유지될 수 있다. 그런 상황이니 가계의 대출 상환능력은 취약해지고 연체율이 높아지는 것은 정해진

순서다. 일부 은행의 가계대출 연체율은 글로벌 금융위기 당시보다 더 높아졌다.

외국기관들마저 한국의 가계부채에 우려의 목소리를 높이고 있다. 2011년 9월 15일에는 알리안츠 그룹이 「글로벌 웰스 리포트」에서 "지난 3년간 전 세계 가계의 부채 비율은 3.5%p 감소했는데, 한국만 4%p 증가했다"고 우려를 내비쳤다. 가계부채 비율도 "전 세계 평균은 67%인데, 한국은 86%"로 우려할 수준이다.

가계대출의 위험도가 눈에 보일 정도로 커지고 있으니 은행들이 리스크 관리에 들어가지 않을 수 없다. 2011년 8월 하반기 '은행 가계대출 중단'이라는 기사가 자주 눈길을 끌었던 이유다.

향후 가계대출 증가는 둔화할 것이 분명하다. 아파트 가격이 어느 방향으로 움직일지도 역시 쉽게 예측할 수 있다.

2011. 10. G Economy21

누가 '핫머니 놀이터'를 만들었나?

:

주식시장이 극도로 불안하게 요동치고 있다. '미친년 널뛰듯'이란 표현이 딱 어울릴 정도다. 실물경제에 큰 충격을 주는 것도 피할 수 없게 됐다.

주가 대폭락이 시작되었던 2011년 8월 초에는 단 6거래일 만에 17%나 폭락했다. 당시 대폭락의 주범으로 미국의 신용등급 강등이 지목되었는데, 당사국인 미국의 주가가 12.6% 하락한 것보다 더 크게 폭락했다. 이후에도 널뛰기 장세는 계속됐다.

환율도 지극히 불안한 움직임이 계속되고 있다. 추석 명절 이후 외환시장 첫 거래일이었던 9월 14일에는 환율이 30.5원이나 폭등했고, 다음날인 15일에 또 8.6원이 올랐다. 당국이 20억 달러나 투입했지만 환율급등을 막지는 못했다고 한다.

주식시장과 환율 불안의 가장 큰 요인은 외국자금의 '한국 탈출'이다. 그리고 이런 혼란과 충격은 이미 오래전에 예고됐다.

2009년과 2010년 외국자금이 물밀 듯 밀려올 때 금융 전문가들은 그 자금의 성격이 '달러 캐리 트레이드'라고 했다. 달러 캐리 트레이드란 달러를 차입해 그 돈으로 국외에 투자하는 것을 말한다. 차입한 돈으로 투자하는 것이니 투기성 자금 중에서도 가장 투기성이 큰 자금들이다. 그 돈이 한국에 집중적으로 몰려오는 이유는 환율하락에 대한 베팅이라고 전문가들은 진단했다.

소위 '핫머니'라 불리는 이들 자금은 우리 경제에 백해무익한 존재이니 여러 방도를 찾아 유입을 막아야 한다는 충고도 잊지 않았다. 그리고 가장 효과적인 방법은 정부가 외환시장에 개입하지 않음으로써 환율을 제자리로 돌려놓는 것이었다. 핫머니가 한국으로 몰려든 것은 원화가 저평가되어 환차익을 쉽게 얻을 것이라는 기대 때문이었으므로 환율이 적정 수준까지 하락하면 핫머니는 다른 곳에서 먹잇감을 찾았을 것이다.

오죽하면 IMF마저 "외환시장의 자율성이 아주 중요하다. 그렇지 않으면 외국 투기세력이 환차익을 노리고 들어올 수 있다"고 강력히 경고했겠는가? 그것도 한국 정부에 공식적으로 경제정책을 자문하는 「2010년 IMF의 한국에 대한 경제정책 자문」 보고서에 구체적으로 언급하면서 말이다.

자산버블을 유지하는 데 혼신을 다하던 MB정부는 이런 충고의 목소리가 귀에 들어오지 않았고, 공격적으로 외환시장에 개입해 고환율을 유지하는 데만 사력을 다했다. 2010년 한 해에 외국인은 국내 주식시장과 채권시장에서 각각 23조 원과 17조 원을 순매수했다. 그뿐이 아니다. 2010년에 경상수지는 무려 282억 달러나 흑자였다. 외

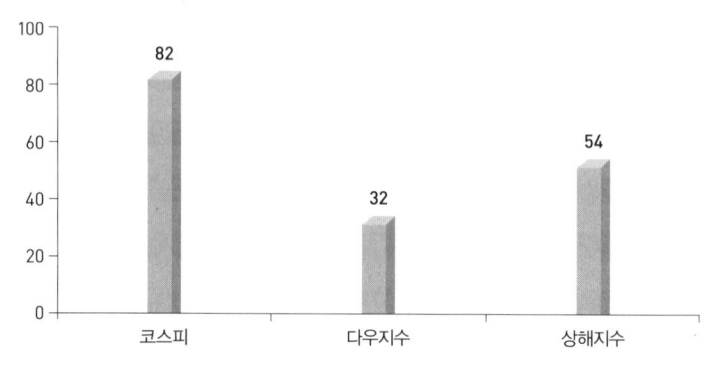

〈그림 4-7〉 한국, 미국, 중국 주가 상승률 비교 　　　　　　　　　　　단위: %

비교 기간: 2008년 말~2010년 말
자료: 한국거래소, 뉴욕증권거래소, 상해증권거래소

국인 투자와 경상수지를 합해 629억 달러가 외환시장에 공급됐다.

　그런데 2009년 말 1,164원이었던 환율은 2010년 말에 1,134원으로 2.6% 하락하는 데 그쳤다. 한국 주식과 채권에 투자하기 위해 핫머니들이 가지고 들어온 달러를 MB정부가 비싼 가격에 무제한 사주었기에 환율이 찔끔 하락하는 데 그친 것이다. MB정부가 고수익을 찾아 전 세계를 떠돌던 핫머니의 놀이터를 마련해준 셈이었으니, 앞다투어 밀려든 것은 놀랄 일이 아니었다.

　핫머니의 힘으로 2009~2010년의 2년간 코스피는 무려 82%나 폭등했다. 같은 기간 미국 다우지수의 상승률 32%의 2.5배가 넘었고, 경제성장률이 매년 10%에 달했던 중국의 주가상승률 54%를 크게 초과했으니 경이로운 폭등이었다.

　2011년 8월, 세계 곳곳에서 위험요소들이 돌출하자 핫머니들이 신속하게 이익을 챙겨서 한국을 떠나는 바람에 한국의 금융시장은 극도로 불안해졌다. 이에 대한 MB정부의 대응은 또다시 환율을 급등시켜 핫머니를 잡아두려는 것이었다.

9월 한 달간 외국인이 국내 주식과 채권을 1조 원 남짓 매도했는데, 환율이 무려 112원이나 급등했다. 2010년 한 해 핫머니가 40조원 유입될 때 환율이 30원 하락한 것과 비교하면, 고환율에 대한 MB정부의 집착이 어느 정도인지 상상을 뛰어넘는다.

고환율로 핫머니를 끌어들여 주가를 띄우더니, 핫머니가 빠져나가려 하자 또다시 고환율로 그 돈을 붙잡으려는 것이 MB정부의 환율정책이다. 고환율로 물가가 급등하고 실질소득이 감소해서 국민이 극심한 고통을 당하는 것은 안중에도 없다는 듯이 말이다.

2011. 12. 5, 내일신문

국민연금의
주가 떠받치기

:

'연기금 30거래일 연속 주식 순매수'

2011년 12월 22일 자 신문기사 제목이다. 30일간의 순매수는 사상 초유의 일이며 그 30일간 순매수한 금액은 무려 2조 원에 달한다.

언론은 유럽 재정위기라는 외부요인으로 금융시장이 불안해졌을 때 국내 최대의 큰 손인 국민연금이 나서서 주식시장을 떠받쳐야 한다고 부추긴다. 연기금의 공격적인 매수 덕분에 대외불안에도 불구하고 주식시장은 잘 버티고 있다.

그러나 국민연금의 공격적인 주가 떠받치기의 이면을 보면 그것이 얼마나 위험한지 금방 알 수 있다. 유럽과 미국의 경제위기 재발로 주가가 폭락했던 2011년 8월 초부터 12월 말까지 5개월간 연기금은 국내 주식 9조 원을 순매수했다. 같은 기간 외국인은 7조 4,000억 원어치의 국내 주식을 팔았다. 외국인이 무차별적으로 파는 주식을 국민연금을 비롯한 연기금이 높은 가격에 사주었던 것이다.

더 놀라운 것은 그 외국인들의 실체가 대부분 투기세력이라는 사실이다. 자금의 성격은 대부분 '달러 캐리 트레이드', 즉 달러를 차입해 투자하는 투기성이 강한 자금들이었다.

당시 전문가들은 투기자금은 백해무익한 돈이므로 여러 방법을 강구해서 그 돈의 유입을 막아야 한다고 충고했다. 그런데 MB정부는 고환율을 유지해 투기세력이 가지고 들어온 달러를 비싼 가격에 무제한 사주었다. 투기자금의 눈에는 이런 상황이 MB정부가 환영의 플래카드를 내건 것으로 비쳤을 것이다.

전 세계적인 머니게임이 끝나가면서 투기자금들이 거액의 차익을 남기고 빠져나가자, 이번에는 국민연금을 동원해 비싼 가격에 그들이 파는 주식을 사고 있다. 언론은 금융시장의 안정이라고 그럴듯하게 포장하지만, 사실은 엄청난 이익을 챙겨 떠나는 투기세력에 국민의 노후자금으로 여비까지 보태주고 있는 것이다.

흥미로운 사실은 MB정부의 이런 행태가 이번이 처음이 아니라는 점이다. MB정부 출범 첫해인 2008년 9월에도 국민연금은 정치적인 이유로 거액의 자금을 주식에 쏟아부었던 적이 있다.

2007년부터 국내 주식을 매도하기 시작한 외국인들은 2008년 들어서 매도 강도를 더 높였다. 2004년 이전에 싼 가격으로 매집한 국내 주식의 차익 실현을 시작한 것이다. 2007년 상반기에 수면 위로 모습을 드러낸 서브프라임 사태가 더 심각해지며 그 여파로 금융시장은 크게 흔들리고 있었으므로, 위험을 회피하기 위해 국내 주식을 대거 매도했던 것이다. 당연히 주가는 계속 하락했다. 그런데 2008년 9월 국민연금이 돌연 국내 주식을 2조 원 순매수했다. 국민연금의 엄

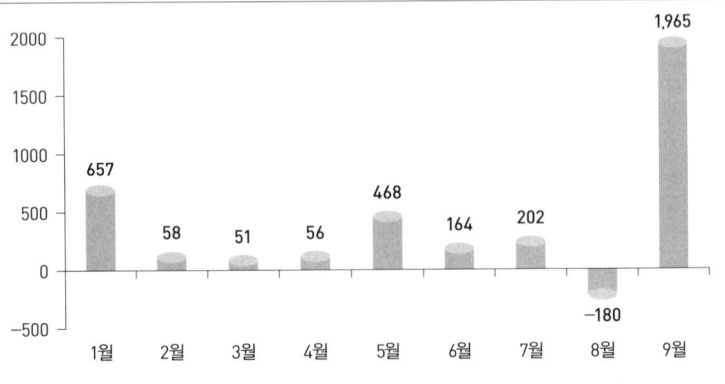

〈그림 4-8〉 2008년 국민연금의 주식 순매수금액　　　　　　단위: 십억 원

자료: 2008년 국정감사 자료

청난 매수로 주가는 잠시 상승세를 보였다. 하지만 9월 15일 리먼 브러더스가 파산하고 그 직후 글로벌 금융위기가 발생하자 주가는 자유 낙하했고 국민연금은 어마어마한 손실을 보았다.

　그 한 달 전인 2008년 8월에는 1,800억 원을 순매도했는데 갑자기 엄청난 순매수로 돌변한 배후에는 정치적 이유가 도사리고 있었다. 당시 MB정부가 임명한 지 얼마 되지 않은 국민연금 이사장은 연일 "현재 17.5%인 주식투자 비중을 2012년까지 40%로 높이겠다"고 선언했고, 주식투자를 책임진 본부장을 교체하기까지 했다.

　당시 국민연금 총자산이 230조 원이었으니, 4년간 51조 원을 주식시장에 퍼붓겠다는 극도로 무책임한 발언이었다. "내가 대통령이 되면 코스피가 5,000이 될 것"이라던 무책임한 선거구호를, 국민의 노후자금 51조 원을 쏟아부어서라도 달성하겠다는 막가파식 행동이나 다를 게 없다.

2조 원의 무모한 주가 떠받치기로 이익을 본 것은 외국 투자자들뿐이었다. 그들은 전 세계 금융시장에 위험이 커지고 있다는 판단으로 신흥국가의 주식을 매도하고 있었는데, 이를 국민연금이 비싼 가격에 사주었던 것이다.

3년 전 국민의 노후자금인 국민연금을 정치적 목적으로 악용했던 사례가 또다시 일어나고 있다. 거대한 머니게임이 끝나가는 시점에서의 공격적인 주식매수가 필연적으로 초래할 엄청난 손실이, 결국은 국민의 부담으로 귀결되리라는 사실은 아예 안중에도 없다는 듯이 말이다.

2012. 1. 2. 내일신문

투기장에서의
합리적 투자결정

∶

'유동성 장세 끝나가는가?'

며칠 전 어느 증권사의 시황보고서 제목이다. 이 증권사뿐 아니라 대부분의 증권사 역시 현재의 주식시장을 '유동성 장세'로 규정하고 있다.

유동성 장세란 시중 유동성, 즉 돈의 힘으로 주가가 상승하는 장세를 말한다. 당연히 주가는 실물경제와 괴리되어 움직인다. 그래서 유동성 장세를 다른 이름으로 '투기장'이라 부르기도 한다. 돈의 힘으로 밀어 올린 주가는 언젠가는 폭락해 제자리를 찾기 때문이다.

2011년 12월 19일 1,777이었던 코스피는 이후 줄곧 상승해서 2012년 3월 2일에는 2,034까지 급등했다. 그동안 세계 경제의 회복을 예고하는 지표는 보기 어려웠고, 침체의 지속을 알리는 신호들만 줄줄이 터져 나왔는데도 말이다.

한국 경제의 앞날은 다른 선진국들보다 더 암울하다. MB정부 4년간 무리하게 지속했던 고환율정책과 저금리정책의 부작용이 심각하게 나타나고 있기 때문이다. 내수는 침체가 계속되고 가계부채는 폭발 직전의 활화산처럼 위험하다.

금융이론에 의하면 주식의 가치는 기업의 미래이익에 의해 결정된다. 선진국 경제나 한국 경제 모두 앞날이 암울하니 향후 기업이익은 계속 하락할 것이다. 증권사들이 전망하는 1년 후 상장기업의 이익 예상치가 작년 6월 이후 9개월째 하락하고 있는 것이 그 증거다.

그런데 왜 지난 3개월간 주가가 급등했을까? 이유는 딱 하나다. 실물경제가 나빠지자 각국의 중앙은행들이 서로 앞다투어 돈을 풀었고, 그 돈이 한국으로 몰려들었기 때문이다. 실물경제는 나빠지는데 돈의 힘으로 주가는 상승하는 전형적인 투기장이 전 세계적으로 전개됐고, 한국의 주가는 다른 어느 나라보다 더 급등했다.

경제가 좋아져서 오르든 아니면 투기로 오르든, 주가가 오르면 투자자들은 강한 유혹을 느끼기 마련이다. 달리는 버스에 올라타지 않으면 주가상승에서 오는 차익의 기회를 놓칠까 노심초사하는 것이 투자자들의 심리다.

그래서일까? 2012년 2월 22일 《한겨레신문》은 '생계형 전업 주식투자자가 는다'는 기사를 경제면 머리에 실었다. 경제가 침체되어 취직도 안 되고 어떤 사업을 해도 장사가 안되니까, 사업자금으로 주식투자를 하는 사람이 늘고 있다는 것이다.

그러나 달리는 버스에 한번 올라타면 내리고 싶어도 쉽게 내릴 수 없는 법이다. 만약 버스가 정상이 아닌 계곡을 향해 전력질주 한다면 그 참상이 어떨지는 불을 보듯 뻔하다. 게다가 투기장의 말로가 어땠

<그림 4-9> 코스피 그래프

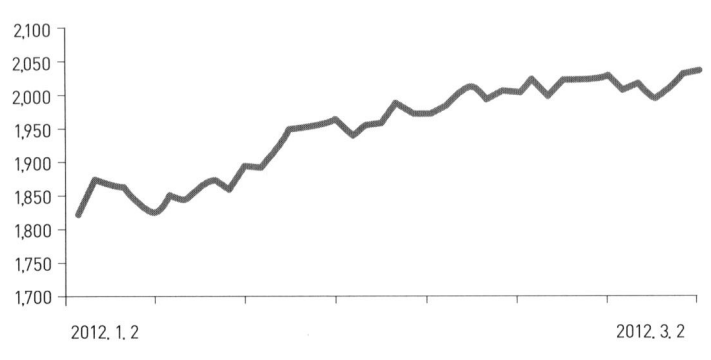

자료: 한국거래소

는지는 지난 과거가 수도 없이 보여주지 않았던가. 투기장이 얼마나 위험한지는 2011년 8월 초에 여실히 경험했다. 8월 1일 2,172였던 코스피는 단 6거래일 만에 1,801로 무려 17%나 폭락했다.

지금 돌아보면 그 당시 벌어졌던 일들은 아주 특별하다고 할 수 없었다. 유럽의 재정문제와 미국의 신용등급 하향 소식에 전 세계 주가가 폭락에 폭락을 거듭했고, 한국의 코스피는 다른 나라보다 더 크게 폭락했다. 이처럼 경천동지할 일이 아니더라도 주가가 쉽게 폭락할 수 있는 것이 투기장의 특징이다.

지금 당장 눈앞의 이익을 취하기 위해 엄청난 리스크를 짊어질 것인가, 아니면 신기루 같은 시세 차익의 유혹을 참아낼 것인가. 투자자들의 합리적인 투자결정이 어느 때보다 중요한 시점이다.

2012. 3. 5. 내일신문

대주주와 외국인의 배만 불린
고환율정책

.

'이건희 가족 보유 상장주식 13조 원'

이건희 회장과 부인 및 아들 이재용 등 3인이 보유한 주식가액이 2011년 3월 23일 현재 13조 원을 돌파해 한국 초유의 기록을 세웠다고 전 언론이 떠들썩하다. 이건희 씨 1인의 주식자산만도 10조 원을 넘어섰으니 이 또한 국내 초유의 기록이다.

이와 같은 초재벌의 탄생은 삼성전자의 주가가 하늘 높은 줄 모르고 치솟은 덕분이다. 삼성전자의 주가가 치솟은 것은 순이익이 급증했기 때문이다. 그리고 순이익이 급증한 것은 전적으로 고환율 덕분이었다.

MB정부가 본격적으로 고환율정책을 밀어붙이기 직전인 2007년 말 삼성전자의 주가는 55만 6,000원이었다. MB정부 출범 직후 휘몰아친 글로벌 금융위기로 세계 경제는 급격히 침체했고 반도체, 휴대전화 등 IT 제품에 대한 수요는 급감했다. 그런데도 삼성전자의 이익은 나날이 증가했고, 동전의 양면처럼 주가는 승승장구했다. 2012년 3월 23일 종가는 126만 1,000원으로 4년 전보다 무려 127%나 급등했다.

삼성전자의 주가를 4년 만에 127%나 급등시킨 힘이 고환율이었다는 사실은, 세계적인 IT 기업들의 주가를 비교해보면 금방 알 수 있다. 삼성전자와 어깨를 나란히 하는 초대형 IT 기업으로는 미국의 인텔과 일본의 소니가 있다. 미국 인텔의 주가는 2007년 말 26.66달러였는데, 2012년 3월 23일에는 27.9달러로 4년간 5% 상승하는 데 그쳤다. 2007년 말 6,200엔이었던 일본 소니의 주가는 3월 23일에 1,680엔으로 무려 73%나 급락했다. 세계적인 경기침체의 영향을 피할 수 없었기 때문이다.

고환율의 혜택을 보지 못했던 인텔의 주가는 제자리에 머물렀고, 환율이 하락한 일본의 소니는 주가가 오히려 급락했다. 만약 MB정부의 무리한 고환율정책이 없었다면 삼성전자의 주가는 지금 어느 수준에 있을까? 인텔과 비슷한 정도의 변동을 보였다면 삼성전자의 주가는 58만 원 수준으로 지금의 절반도 안 되는 가격일 것이다.

MB정부의 고환율정책으로 삼성전자를 비롯한 수출 대기업들의 주가는 급등했고, 주주들의 재산은 비 온 뒤 죽순 자라듯 쑥쑥 커졌다. 문제는 경제에 공짜 점심은 결코 없다는 점이다. 초재벌의 탄생은 서민들의 희생이 있었기에 가능했다. 고환율로 물가가 급등하자 서민들의 살림살이가 쪼그라들었고 내수는 심각하게 침체됐으며, 자영업은 매일 2,000곳 정도가 문을 닫았다.

고환율의 명암을 조금만 더 깊이 들여다보면 웃어넘길 수 없는 심

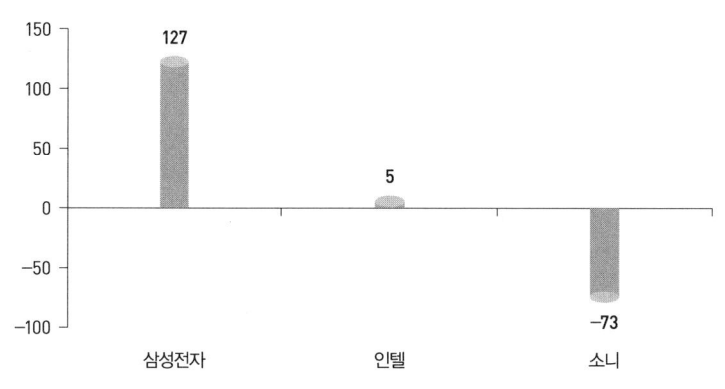

비교 기간: 2007. 12~2012. 3. 23
자료: 한국거래소, 뉴욕증권거래소, 동경증권거래소

각한 사실 하나를 발견할 수 있다. 삼성전자 사주인 이건희 가족보다 더 큰 이익을 챙긴 사람들이 존재한다는 사실이다. 삼성전자 주식의 절반 이상을 외국인들이 소유하고 있음은 누구나 아는 사실이다. 이건희 회장 가족이 삼성전자 주식을 단 4% 보유하면서 초재벌로 등극했으니, 그보다 10배가 넘는 주식을 보유한 외국인들이 챙긴 이익은 정말 상상을 초월할 정도다.

　삼성전자뿐이 아니다. 고환율로 엄청난 이익을 챙긴 수출 대기업들의 주가는 사상 최고치를 경신했고, 그 주식의 절반은 외국인이 보유하고 있다. 수출 대기업의 주가 상승으로 엄청난 차익을 챙긴 외국인들은 분명 소비를 늘렸을 것이고, 그 결과 그들 나라의 내수에 크든 작든 기여했을 것이다. 정작 내수를 침체에 빠뜨리면서까지 공격적으로 추진했던 고환율정책이 다른 나라의 내수 활성화에 기여했다는 사실을 알면 허탈한 심정을 넘어 분노가 치밀기도 할 것이다.

　MB정부가 무리하게 밀어붙였던 고환율정책으로 지난 3년간 서민들의 지갑에서 빠져나간 돈은 4인 가족 한 가구당 1,450만 원이라는 어마어마한 금액이었다. 그 돈이 경제회복에 기여하기는커녕 대주주와 외국인들의 배만 불렸던 것이다.

2012. 4. 2, 내일신문

저축은행 몰락과
디레버리징

⋮

    저축은행이 몰락하고 있다. 자산규모가 가장 큰 다섯 개 저축은행의 영업이 정지됐고, 금융감독위원장은 이름을 다시 상호신용금고로 바꾸겠다고 공언했다. 제2금융권에서 가장 큰 역할을 해왔던 저축은행이 금융시스템에서 사라지고 있다.

    금융의 한쪽이 무너져내리는데도 그것이 금융과 나아가 한국 경제에 미칠 영향에 대해 깊이 있게 분석하고 전망한 글을 찾아보기 어렵다. 오히려 저축은행에서 빠져나온 돈이 은행으로 들어갈 것이므로 아무 문제가 없다는 안이한 분석들만 활개를 친다.

    그러나 금융에서 중요한 것은 예금이 아니라 대출이다. 기업의 사업자금과 개인의 부동산 구매자금을 공급하는 것은 예금이 아니라 대출이며 더구나 시중 유동성을 좌우하는 가장 중요한 요소 역시 바로 대출이다.

    저축은행이 사라지면 거기에서 대출을 받던 기업과 개인들은 은행에서 대출을 받을 수 있을까? 그래서 금융과 실물경제에는 아무런 영향이 없게 될까?

천만의 말씀이다. 모두 알고 있듯이 저축은행은 은행에서 대출을 받을 수 없는 경제 주체들에게 대출을 공급하는 기능을 수행한다. 지난해 저축은행의 신규 대출금리가 16%로 은행 대출금리 5.8%의 2.8배에 달한 것은 차입자의 신용이 그만큼 낮았기 때문이다. 저축은행이 사라지면 그들은 은행으로부터 대출을 받을 수 없게 된다.

그 결과 실물경제는 침체의 골이 더 깊어질 것이 뻔하다. 이보다 더 큰 영향은 대출총액이 감소하는 현상인 부채축소, 즉 디레버리징의 발생 가능성이다.

2008년 말 미국에서 발생한 디레버리징 역시 이와 비슷한 과정을 거치며 시작됐다. 2000년대 초부터 미국의 가계들이 너도나도 대출을 받아 주택에 투자하는 부채확대, 즉 레버리징에 첫 경고음을 발한 것은 2007년 4월 뉴센츄리파이낸셜이라는 부동산투자회사의 파산이었다. 그리고 2008년 2월 모노라인이라 불리는 보증회사들이 줄줄이 파산으로 내몰리자 전 금융기관들이 리스크 회피를 위해 대출을 축소하는 디레버리징에 돌입했다.

부동산 버블이 붕괴하자 부동산에 과다하게 베팅한 제2금융권이 먼저 무너져내린 것이 디레버리징의 신호탄이었던 것이다. 한국의 저축은행들 역시 부동산 중에서도 리스크가 가장 큰 프로젝트 파이낸싱에 과다하게 베팅했고, 거품이 꺼지자 가장 먼저 파산의 길로 접어들었다.

향후 저축은행의 대출은 급격히 축소될 것이다. 저축은행의 파산을 두 눈으로 지켜본 은행들 역시 '앗 뜨거워' 하는 심정일 테니 대출

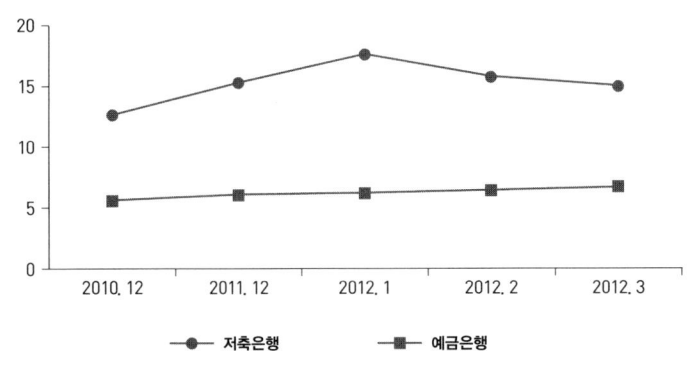

〈그림 4-11〉 은행과 저축은행 신용대출 금리   단위: %

자료: 한국은행

조이기에 들어갈 것이 분명하다. 그 결과는 대출이 축소되는 디레버
리징의 시작으로 나타날 것이다.

저축은행 사태가 연일 뉴스의 첫머리를 장식하던 2012년 4월 한
달간 은행들은 중소기업 대출 2,000억 원을 회수하고, 올 들어 4월
까지 가계대출을 1조 4,000억 원이나 회수했다. 지난 4개월간 대기업
대출을 17조 원 늘린 것과는 극명한 대조를 이룬다. 은행들이 뒤늦게
리스크 관리에 돌입해 리스크가 큰 부문부터 대출을 줄이기 시작한
것이다.

디레버리징이 한국 경제에 어떤 영향을 미칠까? 이에 대해서는 긴
설명이 필요치 않다. 특히 부동산과 주식 등 자산가격에 미칠 영향이
얼마나 심각할지는 지난 4년간 미국이 실감 나게 보여주지 않았던가.

2012. 5. 30, 내일신문

스무 번의
부동산 부양책이 남긴 것

:

2012년 9월 10일 정부가 또 한 번의 부동산 부양책을 발표했다. MB정부 들어서만 벌써 스무 번째다. 평균 3개월에 한 번꼴로 부동산 부양을 위한 정책을 발표한 셈이다. 대통령이 언론에 나와 향후 아파트 가격이 오를 것 같다고 말하는 등 아파트 투자를 부추기는 정부 고위직들의 발언들을 합하면, MB정부의 부동산 부양 노력은 가히 눈물겹다.

사실 MB정부가 지난 5년간 가장 일관되게 추진한 경제정책을 꼽으라면 자산가격 버블을 키우거나 혹은 유지하려는 정책일 것이다. 자산가격 버블에 가장 큰 영향을 미치는 것은 대출이다. 한국이든 미국이든 혹은 어느 나라든 대출이 늘지 않는데 주택 등 자산가격이 오르는 일은 없기 때문이다.

MB정부는 2009년 초 금리를 사상 최저인 2%로 인하했고, 경제성장률이 6%를 넘고 물가가 OECD 국가 중 최고 수준일 때도 3% 초반을 고집하는 저금리정책을 폈다. 그 결과 대출이 급증했다. 대출받은 돈은 대부분 아파트 구매에 사용되었으니 저금리정책이야말로 최고의 부동산 부양책이었다.

금리를 비정상적으로 낮게 유지하는데도 아파트 등 부동산가격이 오르지 않자 MB정부는 한 발 더 나갔다. 무주택자와 1가구 1주택자에 DTI를 완화해 대출해줌으로써 돈이 없는 사람들이 손쉽게 아파트를 구매할 수 있는 길을 터줬다. 그들의 상당수가 지금 하우스 푸어로 전락해 고통받고 있음은 이미 알려진 사실이다.

전셋값이 올라 집 없는 사람들이 어려움에 처하면 임대주택을 건설해 서민들의 주택난을 해결하는 것이 다른 국가에서 해온 일인데, MB정부는 이것 역시 대출로 해결하려 했다. 전세자금 대출한도를 확대함으로써 세입자들은 대출받은 돈으로 전세 보증금을 올려주었다. 이는 간접적으로 아파트 가격을 부양하는 효과를 가져왔다.

기상천외한 발상마저 동원됐다. 2012년 8월에는 20~30대 젊은 세대들이 향후 벌어들일 소득을 담보로 대출을 받을 수 있도록 했다. 모아 둔 돈이 부족한 젊은이에게 집을 사는 길을 열어준다는 그럴듯한 명분을 내세웠지만, 사실은 아파트 버블을 지키려는 MB정부의 헛된 노력이었다. 향후 집값이 더 내려가면 젊은이들은 평생 피땀 흘려 번 돈으로 은행대출을 갚아야 하는 은행의 노예 신세로 전락할 것이다. 자산가격 버블을 유지하기 위해 수단과 방법을 다 동원해 대출을 늘린 MB정부에 '빚 권하는 정부'라는 치욕스런 별명이 붙은 것은 당연한 귀결이다.

문제는 모든 수단을 다 동원했는데도 아파트 가격의 하락을 막을 수 없다는 사실이다. 오죽했으면 경제를 책임진 장관마저 9월 10일 공식석상에서 "어떤 대책을 내놔도 (아파트 가격 하락의) 큰 흐름을 반전시키기는 쉽지 않을 것 같다"고 말했을까. 그는 "막차 탄 분들의 고통을 지켜볼 수밖에 없을 것"이라며 하우스 푸어에 대한 정부의 지원책이 전혀 없음을 시사하기도 했다. 만약 정부가 2009년 초 이후 대형 건설사들의 손실을 줄여주기 위해 투입했던 막대한 미분양 아파트 구입 예산을 아껴두었더라면, 그 돈을 지금 하우스 푸어들을 위해 쓸 수 있을 것이다.

가장 큰 문제는 더 이상 아파트를 구매할 사람이 없다는 사실이다. 향후 아파트 가격의 하락은 누구의 눈에도 명확히 보이는 현상이다. 아파트 가격이 충분히 하락해 적정 수준에 이르면 자연스레 수요가 형성되어야 하는데, 그 수요마저 지난 5년간 미리 끌어다 써버렸다. 집이 없어 집이 필요한 실수요자들마저 MB정부의 스무 차례나 되는 부양책으로 아파트 가격이 꿈틀대자 불안감을 견디지 못하고 아파트를 구매했다.

지금 당장 경제적 능력이 부족한 젊은 세대마저 미래의 소득을 담보로 아파트를 구매하도록 끌어들였으니, 향후 아파트를 구매할 사람이 누가 남아 있을 것인가? 이것이 무리한 부동산 부양책이 초래한 무서운 결과다.

2012. 9. 17. 내일신문

부동산과 주식시장의 바람직한 정책은?

 MB정부 5년간 가장 일관되게 추진한 정책을 꼽으라면 '자산가격 버블 키우기'가 첫손가락에 꼽힐 것이다. 스무 번의 부동산 부양책과 아파트 투자를 부추겼던 정부 고위직의 발언들은 그 일부일 뿐이다. 보수언론은 정부의 부양책이 발표될 때마다 "아파트 가격이 상승세로 돌아선다"며 집 없는 사람들의 불안심리를 자극했다.

 가장 효과가 큰 부양책은 저금리정책이었다. 대출이 늘지 않는데 아파트 가격이 오르는 일은 불가능하기 때문이다. 사상 최저 금리를 17개월간이나 고집했고, 금리 인상은 달팽이 걸음보다 더 느리게 실행됐다. 2012년 들어 아파트 가격이 하락세를 굳히자 이번에는 신속하게 금리 인하를 단행했다. 그뿐 아니다. MB정부는 은행들에 가계대출의 원금상환을 무한정 연장하도록 지도했고, 부실대출이 급증할 것에 노심초사하던 은행들은 이에 기꺼이 응했다.

 2009년부터 2011년까지 3년간 수도권에서 분양된 아파트가 40만 가구였다. MB정부의 부양책과 저금리정책이 없었다면 분양이 아예 되지 않거나, 분양되더라도 분양가가 상당히 낮아졌을 것이다. 그런데 MB정부의 무리한 자산가격 버블 키우기 정책 덕분에 대형 건설사들은 엄청난 이익을 챙기며 분양에 성공했고, 그 아파트를 분양

받은 사람들은 하우스 푸어로 전락했다.

주식시장을 부양하려는 MB정부의 노력은 한술 더 떴다. 사상 최저 금리로 시중 유동성이 넘치는 것으로도 부족해 국제투기자금을 끌어들였다. 그들에게 환차익을 보장해줄 테니 마음껏 투기하라고 투기판을 만들어준 것이다. 때마침 주요 국가의 중앙은행들이 경제를 살린다며 밤낮으로 윤전기를 돌려 달러를 찍어냈으니, 그 달러가 물밀 듯 밀려든 것은 정해진 순서였다.

MB정부의 인위적인 고환율정책도 주식시장 부양에 크게 기여했다. 한국거래소의 통계에 의하면 2010년 상장기업의 수출액을 모두 합하면 그해 총수출의 77%였다. 고환율로 말미암은 수출기업의 이익증가가 대부분 상장기업의 이익증가로 귀결되었으니, 주가상승의 불쏘시개가 됐다.

주식과 부동산가격이 상승하면 국민의 부가 증가하고, 자산효과에 의해 가계소비가 증가하므로 경제도 성장한다. 그러나 대출증가로 형성된 자산가격의 버블은 시간이 지나면 반드시 꺼지는 것이 역사의 교훈이다. 버블 붕괴의 충격이 얼마나 큰지는 미국 등 여러 국가가 여실히 보여주고 있다. 한국도 예외일 수 없다. MB정부 5년간 한결같이 추진했던 '빚 권하는 정책'의 약효가 떨어지고 아파트 가격은 하락으로 방향을 굳히고 있다.

MB정부의 잘못된 자산버블 키우기 정책의 가장 큰 부작용은 가계부채 문제다. 이 문제를 해결하는 것은 다음 정부의 몫이다. 이에 대한 대처방안은 PART 5에서 자세히 논하도록 하겠다.

또 다른 문제는 국제투기자금에 대한 대처다. 나는 2009년 중반 국제투기자금이 물밀 듯 밀려들 때부터 정부가 외환시장에 개입하지 않는 것이 투기자금의 유입을 막는 가장 효과적인 방법이라고 말했다. 그랬다면 환율이 하락했을 것이고 투기자금은 한국이 아닌 다른 곳에서 먹잇감을 찾았을 것이다. 그러나 MB정부는 고환율을 고집해 투기자금을 유치하는 데 혼신을 다했다.

2012년 초 MB정부가 또다시 고환율로 국제투기자금을 끌어들일 때 나는 "MB정부는 집권 마지막 해의 경제성적을 그럴듯하게 포장하기 위해서라도 환율하락을 용인할 가능성이 크기 때문에 결국 국제투기자금의 배만 불려줄 것"이라고 심각한 우려를 표명한 바 있다. 2012년 10월 들어 나의 우려가 현실로 나타나고 있다. 외국인이 국내 주식을 계속 매도하는데도 환율은 계속 하락하고 있다.

그 결과 국제투기자금이 환차익을 챙기고 떠나는 것을 우려하는 사람이 많을 것이다. MB정부의 잘못된 고환율정책이 초래한 또 하나의 부작용이다. 그러나 환율이 하락하면 상장기업의 이익이 감소할 것이므로 주가는 하락한다. 외국 투자자들로서는 주가하락에 따른 손실 일부를 환차익으로 보상받는 것이다. 더 중요한 점은 국민의 노후자금을 책임지고 있는 국민연금의 행태다. 과거 외국 투자자들이 한국 주식을 매도하고 떠날 때마다 국민연금이 공격적으로 매수해서 주가를 떠받치곤 했다. 이런 행위는 외국 투자자들이 비싼 가격에 국내 주식을 팔 수 있도록 도와주는 것이므로 대단히 어리석은 일이다.

사실 더 큰 관심을 쏟아야 할 부분은 국내자금의 국외유출이다. 환율이 하락하면 MB정부 5년간 여러 혜택을 통해 부유층에 축적됐던 자금들이 낮은 환율을 활용해 국외로 빠져나갈 가능성이 있다. 그러나 이것은 정부가 의지만 있다면 얼마든지 막을 수 있다. 바로 외환관리법을 강화하는 것이다.

부동산과 주식시장의 가장 효과적인 부양책은 가계의 소득을 늘리는 것이다. 가계의 소득이 증가하면 가계소비가 증가해서 내수가 살아나는 것은 물론 주식과 부동산에 대한 투자수요도 증가하기 때문이다.

PART 5

벼랑 끝 한국 경제,
가계부채 문제

"지금 한국 경제가 직면한 최대 과제가 무엇인가?"라고 묻는다면 대부분의 경제 전문가는 조금의 망설임도 없이 "가계부채 문제"라고 대답할 것이다.

MB정부는 지난 5년간 가계부채를 전가의 보도처럼 휘둘렀다. 금융위기가 한국에만 오지 않은 것도, 주식과 부동산이 다른 국가들을 초과 상승한 것도, 경제성장률이 높았던 것도, 모두 가계부채가 천정부지로 치솟은 덕분이었다. 그래서 MB정부에 '빚 권하는 정부'라는 치욕스런 이름이 붙었다.

빚내서 즐긴 파티가 끝나고 이제 파티 비용을 지급해야 할 시간이 다가오고 있다. 2012년 들어 수면 위로 부상한 하우스 푸어 문제는 그 시작일 뿐이다. 가장 큰 비용을 대출자들이 가장 먼저 부담하고 있다. 아파트 투자로 큰돈을 벌어보겠다는 욕심, 혹은 안정적인 삶을 위해 내 집을 가져보겠다는 욕구로 무리하게 대출을 받았기 때문이다.

MB정부의 책임은 과연 대출자들보다 작다고 할 수 있을까? 3개월마다 한 번꼴로 부동산 부양책을 발표하고도 모자라 사상 최저 금리를 오랫동안 유지해 대출받아 아파트에 투자하기를 적극 권유했으니 말이다. 은행의 책임은 또 어느 정도일까? 갚을 능력에 맞게 대출을 해주는 것이 금융의 기본임에도 과다하게 대출해준 책임은 얼마이

216

며, 그에 더해 대출원금 상환을 무한정 연장해줌으로써 사람들이 자신의 소득으로 상환할 수 없는 금액을 주저하지 않고 대출받도록 한 책임의 크기는 또 얼마일까?

이제 가계부채 문제는 국가의 안전을 위협할 정도로 위험해졌다. 그 해결을 위해 어떤 정책을 펴야 할까? 아니, 해결책이 있기는 한 것일까?

PART 5에서는 한국 경제의 최대 위험요소로 대두한 가계부채 문제의 발단과 전개 그리고 그 해결방안에 관한 글을 모았다.

빚잔치 즐기는
한국 경제

:

    글로벌 금융위기를 정점으로 치닫게 한 사건은 2008년 9월 15일 터진 리먼 브러더스의 파산이었다. 그 사건이 발생하기 직전인 2008년 9월 1일과 1년 후의 주가를 비교하면 믿기 어려운 결과가 나온다. 그 기간 세계주가는 평균 20% 떨어졌고 미국의 다우지수는 19% 떨어졌는데 한국의 코스피는 15% 올랐다. 부동산은 어떤가? 미국의 집값이 2007년 말에서 2009년 5월 말까지 25% 하락했는데 한국의 집값은 2.5% 상승했다.

    금융이론에 의하면 주식과 부동산가격은 실물경제를 반영한다. 그러면 한국 경제가 미국이나 다른 국가들보다 엄청나게 좋았던가? 물론 그렇지 않다. 한국 경제는 다른 국가의 경제동향에 크게 좌우되는 소규모 개방경제다. 그러므로 미국 등 다른 국가들이 어려움을 겪는데 한국 경제만 승승장구하기를 기대할 수 없다.

    주식과 부동산의 초과상승이 실물경제를 토대로 한 것이 아니라면 어떤 힘이 초과상승을 이끌었는가? 그것은 바로 돈의 힘에 의한 것이다. 글로벌 금융위기가 발생하자 모든 국가에서 유동성이 감소했다. 그 결과 주식과 부동산 등 자산가격이 폭락했다. 그런데 한국은 유동성이 급증했고 유동성의 힘으로 자산가격이 상승했다.

하도 많이 들어서 이젠 전문용어라고도 할 수 없게 되어버린 '디레버리징'은 지금 전 세계에서 일어나고 있는 부채축소, 즉 '빚 갚기'를 나타내는 용어다. 대출이 축소됨에 따라 다른 국가들에서 시중 유동성이 빠르게 감소하고 있다.

그런데 한국만 대출이 급증하고 그 결과 시중 유동성이 폭발적으로 증가해왔다. 가계대출이 급증하는 이유는 대출받아 아파트에 투자하는 현상이 또다시 불붙고 있기 때문이다. 2000년대 초부터 아파트 투자를 위한 가계대출이 증가하기 시작했고, 2006년과 2007년에는 정부가 나서서 과열을 진정시켜야 했을 정도로 대출이 급증했다. 그런데 금융위기가 터진 2008년과 2009년에도 가계대출의 증가속도는 전혀 줄지 않고 있다.

대출받은 돈이 주식과 부동산으로 몰려들었으므로 자산가격은 오르고 있다. 실물경제가 나쁜데도 돈의 힘으로 자산가격이 오르는 현상을 가리켜 버블이라고 부른다. 버블에 의해 자산가격이 오르면 사람들은 부자가 된 듯한 기분에 소비를 늘린다. 경제학에서 말하는 자산효과 때문이다. 소비가 늘면 기업의 투자도 따라서 증가한다. 2009년 2분기 경제성장률이 기대 이상의 실적을 보인 것도 자산효과의 기여도가 크다. 그래서 지금 한국의 주식, 부동산 등 자산시장과 실물경제가 즐기고 있는 것은 '유동성 파티'다.

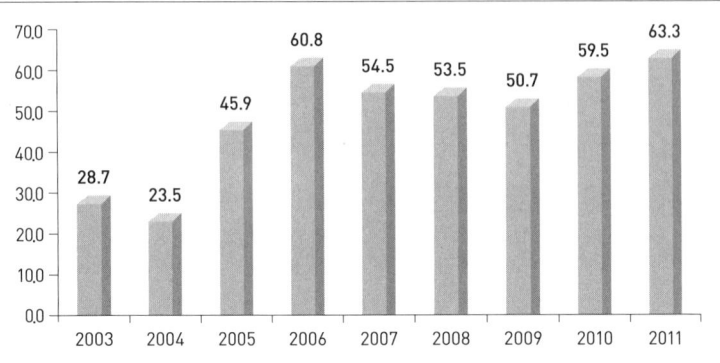

〈그림 5-1〉 가계대출 증가　　　　　　　　　　　　　　　　단위: 조 원

자료: 한국은행

　파티가 계속되기 위해서는 유동성이 계속 공급되어야 한다. 그리고 유동성이 공급되기 위해서는 대출이 증가해야 한다. 어느 순간 유동성이 줄기 시작하면 별안간 파티가 끝나고, 파티장에 남아 있던 사람들은 파티 비용을 계산해야 한다. 지금 미국 국민이 받고 있는 고통도 유동성 파티가 끝난 뒤에 치르는 비용이다.

　이것을 잘 알고 있는 정부는 어떻게든 유동성을 늘려 가려고 발버둥치고 있다. 대통령이 직접 나서서 '출구전략'을 내년까지 늦추라고 몇 번이나 지시했다. 출구전략이란 금리를 올려서 시중의 유동성을 줄이는 것이다. 그럼으로써 미래의 인플레이션을 방지하고 자산버블이 초래할 경제적 충격을 예방하려는 조치이다. 그런데 대통령까지 직접 나서서 저금리를 유지하고, 돈을 더 풀어서 파티를 더 즐기자고 부추기고 있다. 파티가 끝난 뒤에 올 충격은 생각조차 안 하는 듯하다. 더구나 선진국 중 어느 곳도 국가 지도자가 통화정책에 직접 간섭

하는 곳은 없는데도 말이다.

버블을 키워 경제를 살리겠다는 경제정책은 얼마나 계속될 수 있을까? 다른 국가에서는 경제 주체들이 빚을 갚는 데 열중하는데, 우리만 빚을 늘려 파티를 즐기는 것이 앞으로 얼마나 갈지 궁금증보다 걱정이 더 앞선다. 버블을 키울수록 그것이 붕괴할 때의 경제적 충격은 수면 아래에도 그대로 전해지기 때문이다.

앞으로 닥칠 파국에 대처하려는 정부의 태도는 향후에도 기대하기 어려울 것 같다. 그러므로 개인들이 스스로 대비를 해야 한다. 주식과 부동산 등에 대한 투자를 줄여서 대출을 줄이는 것이 그 대비책이다. 유동성 파티장을 빨리 빠져나와야만 파티가 끝난 뒤 파티 비용을 적게 치르게 될 것을 명심해야 한다.

2009. 10. 4. 뷰스앤뉴스

금리 인상이
버블을 막는 최선책

:

　"주식이나 부동산 등 자산가격에 버블이 생길 때 미연방준비은행(이하 연준)은 어떤 조처를 해야 하는가?" 2년 전 연준의 고위직들이 이 질문을 받았다면 자신 있게 "아무 조치도 취하지 않는다"고 대답했을 것이다. 현재 연준 의장인 버냉키도 프린스턴 대학교 교수였던 1999년에 쓴 논문에서 "연준의 역할은 인플레이션 예방이므로 자산시장의 버블에 관여해서는 안 된다"고 주장했다. 그의 전임자인 그린스펀도 통화정책 결정에서 자산버블을 고려하지 않았다.

　이러한 연준의 통화정책이 80년 만에 최악의 금융위기를 초래했다. 금융위기의 주범은 부동산 버블이었으며, 부동산 버블이 생긴 근본 원인은 지나치게 오랫동안 저금리를 유지한 결과라는 사실은 이젠 상식이 됐다. 이에 대한 반성으로 연준이 수행하는 통화정책에 자산가격 버블 예방이 포함되어야 한다는 논의가 연준의 내부와 외부에서 활발히 진행되고 있다.

222

2009년 12월 3일 미 상원 인사청문회에서 버냉키는 "지난 10년간의 통화정책 수행에서 가장 어려운 문제가 금융버블이었다"고 말했다. 과거 자신의 견해가 잘못되었음을 시인한 것이다.

2009년 12월 2일 자 《월스트리트저널》은 연준 내부에서 연구원들을 중심으로 향후 통화정책 결정에서 인플레이션뿐만 아니라 자산가격 버블도 중요한 결정변수가 되어야 한다는 주장이 힘을 얻고 있다고 보도했다. 그들은 자산가격 버블의 징조가 보이면 즉시 금리 인상을 통해 버블의 발생을 막아야 한다고 주장한다.

그 보도에 따르면 이런 논쟁에 가장 큰 영향을 주는 경제학자로 프린스턴 대학교 신현송 교수를 꼽았다. 신 교수는 연준 연구원인 토비아스 아드리안과 공동으로 수행한 연구 결과에서 "저금리가 위험할 정도로 과도한 금융버블을 초래했으므로 향후 금리결정에는 신용버블 여부가 반드시 고려되어야 한다"고 밝혔다.

또한 신 교수는 최근 발표한 다른 논문에서 "금융규제를 통해 신용 및 자산버블을 막는 것은 마치 밀려오는 파도를 큰 구멍이 뚫린 나무 널빤지로 막으려는 것과 같다. 금리 인상이 버블을 막는 가장 효과적인 방법이다"라고 말했다.

연준의 통화정책 논쟁은 우리 현실을 돌아보게 한다. 한국은행은 2009년 12월 10일 금융통화위원회에서 2%인 사상 최저 금리를 동결하기로 했다. 금융통화위원회의 결정 직후 가진 기자회견에서 이성태 한국은행 총재는 "내년 5% 성장 전망과 비교하면 2%의 기준금리는 엄청나게 낮다"고 말했다. 현재의 2% 금리는 인플레이션 예방을 위해서도 턱없이 낮다는 것이다. 그런데도 한국은행이 금리를 동결할 수밖에 없었던 것은 자신들의 의지가 아니라 외부의 압력에 의한 것이었다는 의미가 담겨 있다.

인플레이션 압력보다 더 심각한 것은 자산가격 버블이다. 그것을 방치하면 지금 미국과 주요 국가들이 겪고 있는 금융위기를 한국도 겪게 될 것이기 때문이다. 연준 연구원들과 신현송 교수의 연구 결과는 이런 경고를 보내고 있다.

그러나 MB정부의 고위직들에서 자산가격 버블을 우려하는 발언은 들을 수 없다. 2009년 들어 부동산 등 자산가격에 큰 거품이 다시 형성되고 있고, 그것을 방치하면 향후 한국 경제를 휘청거리게 할 충격을 가져올 것이 명약관화한데도 말이다. 정작 미국은 부동산가격이 최고치 대비 30%나 하락하고 나서야 과거 통화정책의 잘못을 반성하고, 앞으로 발생할지도 모를 또 다른 버블을 고려해 통화정책을 결정해야 한다는 논쟁이 활발한 것과 매우 대조적인 모습이다.

한국은행이 연준의 과오에서 아무것도 배우지 못하는 것 같아 안타까울 뿐이다.

2009. 12. 23. 뷰스앤뉴스

말로는 가계부채 관리,
행동은 DTI 완화

：

"가계부채 증가속도를 면밀히 관리하라."

2010년 3월 25일 대통령이 비상경제대책회의에서 지시한 사항이다. 겉으로 보기에는 한국 경제의 가장 큰 위험요인이 가계부채 문제라는 것을 늦게라도 알아차린 것 같아 다행스러운 마음이 든다. 그러나 실상을 알고 보면 의아한 생각을 금할 수 없다. 대통령의 지시가 있기 전부터 이미 가계부채가 줄어들기 시작했기 때문이다.

2010년 1월 가계대출은 1조 원 감소했다. 2월에는 8,000억 원 증가했지만 제2금융권을 제외한 은행대출만 보면 2,000억 원이 감소했다. 2005년 1월 이후 2009년 12월까지 60개월 동안 은행의 가계대출이 전 달보다 감소한 적은 일곱 번밖에 없었다. 더구나 두 달 연속 감소한 것은 처음 있는 일이다. 3월에는 다시 1조 9,000억 원의 증가세로 돌아서긴 했지만, 이는 은행이 위험관리에 들어갔다는 분명한 신호일 뿐이다.

은행들도 바보가 아닌 다음에야 대출 상환능력이 극도로 취약해진 곳에 대출을 계속 늘려가기가 어려웠을 것이다. 가계의 대출 상환능력을 나타내는 '가처분소득대비 가계부채 비율'이 2009년 말에 153%로 서브프라임 사태가 터지기 직전인 2007년 말 미국의 137.6%보다 더 위험한 상태였다.

오래전부터 외국의 연구기관들은 한국의 가계부채 문제를 심각하게 거론했고 엄격하게 관리하기를 권고했다. 이런 권고를 모른 척하고 있다가 발등에 불이 떨어지고 나서야 은행들이 부랴부랴 위험관리에 들어가는 모습이다.

MB정부의 모습은 더 가관이다. 대통령이 직접 출구전략을 늦추라고 지시하는 등 가계부채 늘리기를 독려하더니, 은행들이 더는 견디지 못하고 대출을 축소하는 것을 확인하고 나서야 "위험을 관리하라"고 말한 것이다. 가계부채 문제가 심각해졌을 때를 대비한 면피용 발언이라는 비판을 면하기 어렵다.

아니나 다를까, 대통령의 발언이 있은 지 불과 한 달도 안 되어 또다시 "대출을 늘려 부동산 하락을 막겠다"는 정책이 발표됐다. 2010년 4월 23일 MB정부가 DTI를 완화해서 부동산을 부양하겠다는 의지를 행동으로 실천한 것이다.

결국 그 한 달 전의 "가계부채를 관리하라"는 말은 향후 문제가 발생했을 때를 대비한 면피용 발언이었고, 지금의 DTI 완화라는 행동이 MB정부의 본심을 드러낸 것이라 할 것이다. 더 흥미로운 사실은 대통령의 지시가 있고 나서 가계대출이 급격하게 증가했다는 점이다. 2010년 1월과 2월 감소했던 가계대출은 대통령의 지시 직후인 4월에

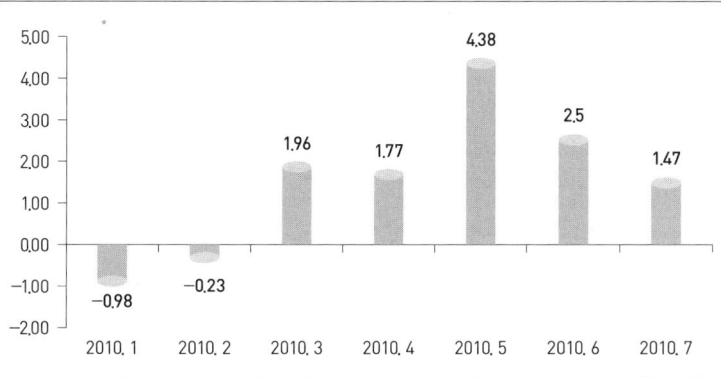

〈그림 5-2〉 예금은행 가계대출 잔액의 전월 대비 증감액 　　　　　단위: 조 원

자료: 한국은행

는 1조 8,000억 원이 증가하더니 5월에는 무려 4조 4,000억 원이 증가하는 코미디 같은 일이 벌어졌다.

　마치 은행들이 합심해서 대통령의 지시를 묵살하고 나선 듯한 행동이었다. 대형은행 최고경영진의 임명권을 실질적으로 청와대가 쥐고 있는 현실에서 어떻게 이런 일이 일어날 수 있었을까? 입으로는 가계부채 문제를 걱정하는 듯이 말하지만 정부의 본심이 대출을 늘리는 것이라는 점을 은행이 재차 삼차 확인하지 않았다면 절대 있을 수 없는 현상이었다.

2010. 4. 22·4. 26, 뷰스앤뉴스

가계부채,
위험수위 넘었다

:

가계대출이 위험수위를 넘었는데도 멈출 줄을 모른다. 2010년 1분기에 3조 5,000억 원으로 예금취급기관의 가계대출 증가세가 잠시 주춤했지만, 2분기에 14조 원이 증가했고 3분기에는 10조 원이 또 늘었다. 미국 등 선진국은 금융위기가 발생한 2008년 이후 가계부채가 계속 감소하고 있는데 한국만 다른 길을 가고 있다.

미국의 가계들이 대출받아 집에 투자하는 데 몰두한 결과 주택담보대출이 2001년부터 2007년까지 6년간 94%나 급증했다. 풍선처럼 부풀었던 가계대출이 더 버티지 못하고 터진 것이 서브프라임 사태였다.

미국의 서브프라임 버블이 팽창하던 시기에 한국에서도 똑같은 양상이 벌어졌다. 아파트 가격은 치솟았고 가계대출의 증가속도는 미국과 비교해도 절대 뒤지지 않을 정도였다. 2001년부터 2007년까지 한국의 가계대출은 96%나 증가했다. 미국과 다른 점은 글로벌 금융위기가 발생한 이후에도 한국 가계들은 대출을 줄이기는커녕 오히려 늘려간 것이다.

왜 한국의 가계부채는 다른 나라와 달리 증가세를 유지하고 있을까? 더구나 가계의 대출 상환능력을 나타내는 가처분소득대비 가계부채 비율은 미국보다 훨씬 더 높은데도 가계부채는 터지지 않는 풍선처럼 더 커지는 이유가 무엇일까?

우선 은행이 대출의 원금상환을 유예해주고 있는 것이 첫 번째 이유다. 미국은 대출을 받으면 원리금을 동시에 상환해야 하는데, 한국은 원금은 갚지 않아도 되고 이자만 내는 거치식 대출이 대부분이다. 그리고 대출의 만기가 돌아오면 은행들은 원금상환을 요구하지 않고 전액 만기를 연장해주고 있다. 이자만 부담하면 되므로 소득에 비해 엄청나게 많은 대출을 안고서도 버티는 것이다. 아파트 구매를 위해 은행에 대출을 받으려는 가계들도 대출의 원금은 갚지 않아도 되는 것으로 알고 거액의 대출을 주저 없이 받는 상황이 됐다.

두 번째 이유는 사상 최저 수준의 금리로 대출의 이자 부담이 극히 낮다는 점이다. 한국은행은 2008년 말 글로벌 금융위기가 터지자 재빠르게 금리를 사상 최저인 2%로 낮추었고, 이를 17개월이나 유지했다. 경제와 금융상황은 오래전부터 금리 인상을 가리키고 있는데도 MB정부는 사상 최저 금리를 고집했다. 그로 인한 부작용 중 하나가 2010년 10월 소비자물가가 4.1% 상승한 것이다. 국민의 물가고통이 극에 달하자 MB정부는 11월 16일에 마지못해 기준금리를 0.25% 인상했지만 아직도 엄청나게 낮은 수준이라는 사실은 변함없다.

미국의 상황과 비교해보자. 미국은 부동산 버블과 물가압력을 완화하기 위해 2004년 6월 1%였던 기준금리를 열일곱 번 연속 인상했다. 2006년 7월 5.25%까지 오르자 이자 부담이 급증했고, 이를 견디지 못한 가계들이 속출해 결국 부동산 버블이 붕괴됐다. 버블 붕괴의 충격이 예상보다 엄청나다는 것을 경험하고 나서야 미국 경제 전문가들은 기준금리 인상을 더 큰 폭으로 더 신속하게 해야 했다고 후회했다. 자산가격에 버블이 불붙은 뒤의 금리 인상은 그 폭이 크지 않으면 버블을 잠재울 수 없다는 것을 뒤늦게 깨달은 것이다.

한국은 비정상적으로 낮은 금리를 무리하게 유지하는 것으로도 모자라 미국에서 볼 수 없었던 대출원금 상환 유예라는 수단까지 동원해 가계대출을 한없이 늘리는 정책을 펴고 있다. 그 덕분에 자산가격의 버블은 유지되고, 가계대출은 눈덩이처럼 불어나고 있다.

MB정부는 저금리를 유지하기만 하면 부동산 버블이 영원히 꺼지지 않는다고 생각하는 것일까? 그리고 소득 감소와 물가 상승의 이중고를 고스란히 겪는 국민의 희생을 기꺼이 감수하면서까지 지켜야 할 정도로 부동산 버블이 중요하다고 생각하는 것일까?

설사 정부가 국민의 물가고통을 외면하고 저금리를 유지하더라도 결국 자산가격의 버블은 붕괴하기 마련이고, 가계부채 문제는 미국의 서브프라임 사태에 맞먹는 경제위기를 초래할 것이란 사실은 역사가 수도 없이 보여준 교훈이다. 외부의 충격이든 내부의 요인이든 간에 어떤 일로든 아파트 가격이 하락세로 돌아서거나 부실대출이 증가하기 시작하면, 은행은 대출을 줄여나갈 것이고 위기는 시작될 것이다. 그리고 그런 신호는 이미 여러 곳에서 감지되고 있다.

2010. 11. 22. 내일신문

가계부채,
연착륙 가능할까?

:

2011년 6월 29일 '가계부채 종합대책'이 발표됐다. "정부가 대출규제를 대폭 강화했다"는 일부 언론의 보도와는 달리 알맹이 있는 내용은 찾아볼 수 없었다. 불과 몇 달 전만 해도 '한국의 가계부채는 안심해도 좋을 수준'이라며 대출을 더 받아 아파트에 투자하라고 독려하던 정부가 뒤늦게라도 가계부채의 심각성을 인지했다는 점에서 그나마 의미를 찾을 수 있는 정도였다.

언론의 보도로는 이번 대책이 완결판이 아니라 추가 대책의 예고편이라고 했다. 단계적으로 가계대출을 줄여갈 대책을 내놓음으로써 가계대출의 연착륙을 유도하겠다는 것이다. 2009년 이후 미국 등 대부분 국가가 가계부채를 줄여나갈 때도 한국의 가계부채는 계속 급증세였다. 그 덕분에 미국 등에서는 집값이 폭락하는데도 한국만 소폭 하락하는 데 그칠 수 있었다.

정부는 앞으로 가계부채의 증가속도를 늦추겠다고 발표했다. 그러면 정부의 의도대로 가계부채가 연착륙할까? 미국의 경우를 보면 이에 대한 대답을 확실히 찾을 수 있다. 미국의 가계부채는 2002년 이후 두 자릿수의 높은 증가율을 기록했다. 이에 힘입어 집값이 두 자릿수의 상승세를 이어갔다. 특히 2004년과 2005년에 가계대출이 15.4%와 13.1%의 급증세를 보이자 집값이 16.2%와 15.5%의 폭등세를 보였다. 한마디로 말해 미국의 집값이 2002년 이후 급등한 것은 가계대출의 급증이 뒷받침됐기 때문이었다.

가계대출의 증가세가 둔화하면 집값은 어떻게 움직일까? 2006년 미국의 가계대출은 11.6% 증가했다. 그러자 천정부지로 치솟던 미국의 집값이 겨우 0.7%로 소폭 오르며 상승세를 멈췄다. 심각한 일은 그다음에 벌어졌다. 2007년 미국의 가계대출 증가율은 7.9%였다. 여전히 높은 증가율이었지만 2년 전에 비하면 현격하게 둔화된 것이었다. 이에 대한 집값의 반응은 경악할 정도였다. 무려 9%나 집값이 내려갔으니 말이다. 2008년 미국의 가계대출이 0.6% 증가에 그쳤을 때 집값은 18.6% 폭락했다. 그리고 서브프라임 사태가 터졌고, 금융위기가 뒤따랐다. 이런 미국의 사례를 통해 분명하게 알 수 있는 사실은 가계대출의 증가율이 둔화하면 집값 상승률은 둔화하는 것이 아니라 하락세로 돌아선다는 것이다.

이런 현상이 한국에서도 똑같이 벌어질까? 한국은행 통계에 의하면 2009년과 2010년 가계대출은 각각 44조 원과 54조 원 증가했다. 2007년과 2008년의 증가액 45조 원, 53조 원과 거의 같은 수준이었다. 그 기간 아파트 가격은 소폭 하락했다.

대출이 여전히 급증하는데도 아파트 가격이 소폭 하락했다는 점이 시사하는 바는 무엇일까? 그것은 버블이 커진 상태에서 아파트 가격을 더 끌어올리기 위해서는 훨씬 더 많은 대출 증가가 필요하다는 사실이다.

향후 가계부채는 2010년보다 증가속도가 둔화할 것이다. 아파트를 비롯한 부동산가격이 큰 타격을 받을 것은 불문가지다. 한국의 가계부채 문제가 4년 전 미국의 전철을 그대로 밟을지는 더 두고 볼 일이다. 그러나 남들은 허리띠를 졸라매면서 빚을 갚아나가는 동안 우리만 더 빚을 내어 신 나게 파티를 즐겼는데, 그 비용을 지급해야 할 시기가 코앞으로 다가온 것만은 분명하다.

2011. 7. 11, 내일신문

고환율정책이
가계부채 문제를 키웠다

.
.
.

'가계대출 폭탄 폭발 초읽기', '전체 가구의 28.2% 적자'

가계부채 급증과 가계소득 감소를 우려하는 언론의 목소리가 드높다. 무릇 개인이든 기업이든 혹은 국가든 빚이 늘어나는 것만큼 위험한 일은 없다. 설상가상으로 수입까지 줄어든다면 부도라는 막다른 골목으로 몰리기가 십상이다. 지금 그리스가 딱 그 짝이다.

글로벌 금융위기를 벗어난다며 그리스는 앞뒤 가리지 않고 재정적자를 내어 재정지출을 늘렸다. 당연히 국가부채가 급증했다. 급기야 2010년 말에는 국가부채가 GDP의 142%에 이르렀고 국가부도가 오늘내일하기에 이르렀다.

한국 가계도 그리스와 똑같은 길을 걸어왔다. 대부분 국가에서 가계부채가 감소했는데 한국만 가계부채가 줄기차게 증가했다. 한국은행 통계에 의하면 2007년 말 595조 원이었던 가계대출이 2010년 말에는 797조 원으로 3년 동안 무려 34%나 급증했다.

빚이 급증한 원인은 MB정부의 사상 최저 금리와 부동산 띄우기 정책에 가계들이 호응해 아파트 투자에 적극 나선 결과다. 가계소득은 감소하는데 소비를 줄이지 못해 대출을 늘린 것도 가계부채 급증에 한몫했다.

빚이 증가하더라도 소득이 똑같이 증가하면 상환능력에는 이상이 없다. 중국이 좋은 예다. 지난 3년간 중국의 총대출은 매년 15% 이상씩 증가했다. 대출 증가율이 한국보다 훨씬 더 높으니 중국의 가계부채가 심각할 것으로 생각되지만 사정은 그렇지 않다. 중국은 노동자의 임금을 매년 12~15%씩 인상했다. 2009~2011년 3년간 46%나 임금이 인상되었으니 가계의 대출 상환능력이 크게 나빠지지 않았다.

한국 가계의 소득은 어땠을까? 지난 3년 6개월간 경제활동인구의 97%를 차지하는 임금 노동자와 자영업자의 실질소득은 오히려 15% 이상 감소했다. 소득이 15% 이상 감소했는데 가계대출은 34%나 급증했으니, 대출 상환능력이 극도로 낮아지는 것은 뻔한 이치다.

한국 가계의 실질소득은 왜 감소했을까? MB정부는 글로벌 금융위기와 그에 뒤따른 세계 경제의 침체 탓이라고 서둘러 변명할지도 모른다. 천만의 말씀이다. 한국의 GDP는 재정적자에 힘입어 지난 3년 6개월간 11% 성장했다. 경제 이론이 틀리지 않다면 전체 국민의 총소득 역시 11% 증가해야 한다. 그런데 왜 97%의 국민은 실질소득이 15%나 감소했을까?

'고환율'이 그 이유를 설명해준다. MB정부의 인위적인 고환율정책 때문에 국민은 더 많은 돈을 지출해야 했고, 수출 대기업들은 똑같은 금액을 수출하고도 훨씬 더 많은 이익을 챙겼다. 단순하게만 계산해도 고환율 때문에 2008년부터 2011년 상반기까지 3년 6개월간 190조 원이 국민의 주머니에서 빠져나가 수출 대기업의 금고로 들어 갔다. 수출기업에 4인 가족 한 가구당 1,522만 원을 보조금으로 지급한 셈이다. 세계적인 불황 속에서 수출 대기업들이 사상 최고 순이익을 구가하고 있는 것도 그리 놀랄 일이 아니다.

살얼음판 위를 걷는 가계부채가 더는 버티지 못하고 무너지는 소리가 여기저기서 들린다. 가계부채가 터지면 한국 경제가 받을 충격이 어떨지는 구태여 긴 설명이 필요하지 않다. 한국 경제의 최대 위험 요소로 떠오른 가계부채 문제의 주범인 고환율정책을 하루빨리 바로잡는 것만이 그 충격을 조금이나마 줄이는 길이다.

2011. 11. 21. 내일신문

은행예금 두 달째 감소의
시사점

:

'불황 여파, 은행예금 두 달째 감소'

2012년 2월 2일 《내일신문》이 보도한 기사 제목이다. 5대 시중은 행의 총수신이 작년 12월과 올 1월의 두 달간 11조 원 감소했다는 내 용이다. 《내일신문》을 제외한 다른 신문들이 기사화하지 않은 것을 보면, 연말연초의 계절적 요인이라 치부하며 별 의미를 부여하지 않 는 것 같다. 그러나 위 기사가 전하고 있듯 "은행수신이 두 달 연속 감 소한 것은 글로벌 금융위기가 한창이던 2008년 12월, 2009년 1월에 이어 3년 만에 처음"일 정도로 상당히 이례적인 현상이다.

더구나 은행예금은 통화량의 가장 큰 부분을 차지하기 때문에, 향 후 통화량의 감소 혹은 증가속도가 급격히 둔화할 수 있다. 만약 통 화량 감소로까지 이어진다면 실물경제와 금융시장 전반에 막대한 영 향을 미칠 것이다. 특히 지난 3년간 주식과 부동산가격을 떠받쳐온 것은 바로 통화량, 즉 돈의 힘이었다는 사실을 떠올린다면 주식과 부동산이 받을 타격은 결정적일 것이다.

이처럼 중요한 은행예금 감소 사실은 2월 8일 한국은행이 발표한 '1월 중 금융시장 동향'에 구체적으로 나와 있다. 이 자료에 의하면 작년 12월 은행예금은 1조 2,000억 원 감소했고, 올 1월에는 또 10조 8,000억 원이 감소했다.

흥미로운 사실은 주식시장에서도 뭉칫돈이 빠져나갔다는 점이다. 주식투자를 위한 대기자금 성격의 MMF에서 지난 두 달간 5조 5,000억 원이라는 적지 않은 돈이 빠져나갔고, 주식과 채권펀드에서는 무려 8조 3,000억 원이 빠져나갔다.

은행예금과 주식시장의 투자자금을 합쳐 두 달 동안 무려 26조 원에 달하는 어마어마한 자금이 이탈했다. 이런 감소액은 《내일신문》이 보도했듯 2008년 금융위기 당시보다 훨씬 더 많았다.

왜 이런 이례적인 현상이 발생했을까? 예금이 사용되는 곳은 크게 소비와 투자 그리고 대출 상환 이 세 곳이다. 그러므로 은행예금이 감소한 것은 이들에 대한 자금수요가 증가했기 때문으로 해석할 수 있다.

사실 지난 4년간 가계의 실질소득은 계속 감소했으므로 가계들이 저축해둔 예금을 꺼내 소비에 충당했다. 게다가 늘어난 가계대출로 대출이자 지급도 증가했다. 그 결과 예금이 감소했어야 정상인데 예금은 오히려 증가했다. 그 이유는 가계대출이 많이 증가했기 때문이다. 대출 증가가 지출 증가보다 컸기 때문에 예금이 증가한 것이다.

계속 증가하던 가계대출에도 큰 변화가 나타나고 있다. 앞의 '1월 중 금융시장 동향'을 보면 1월 가계대출이 큰 폭의 감소세를 보였고,

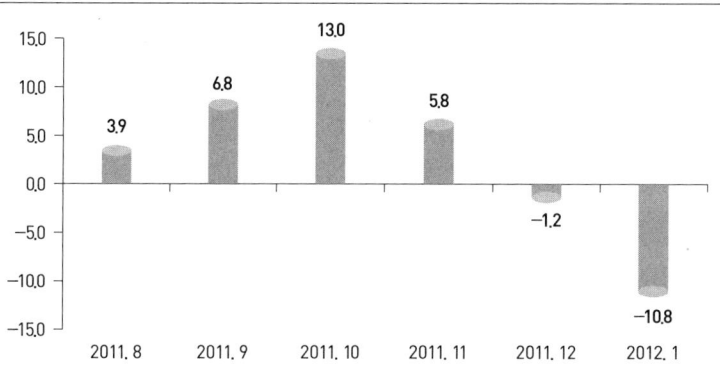

〈그림 5-3〉 은행예금 월별 증감액   단위: 조 원

자료: 한국은행

주택담보대출마저 '이례적으로 감소'했기 때문이다. 가계소득은 늘지
않고 대출마저 감소하자 은행예금이 감소세로 돌아선 것이다.

　은행예금과 가계대출의 동시 감소가 시사하는 바는 자못 심각하
다. 한편으로는 더 이상 대출을 감당하기 어려운 상황에 처한 가계가
상당수에 이르렀고, 다른 한편으로는 아파트 등 부동산 투자에서 더
이상 수익을 내기 어렵다고 판단하는 가계가 늘고 있다는 점을 말하
기 때문이다.

　은행예금의 감소가 계절적인 영향인지 아니면 추세적인 현상인지
는 더 두고 봐야 할 것이다. 그러나 지난 두 달간의 이례적인 현상의
이면에 숨겨진 의미를 간파하고, 미리 대비하는 것은 실로 중요하다.

2012. 2. 27, 내일신문

'부채경제학'과
한국의 가계부채

며칠 전 한국은행에서 「부채경제학과 한국의 가계부채 및 정부부채」라는 다소 긴 제목의 보고서를 발표했다. 이 보고서가 언론의 주목을 받지는 못했지만, 위험수위에 이른 가계부채 문제에 대한 중앙은행의 시각을 엿볼 수 있다는 점에서 그 내용을 들여다볼 가치는 충분하다.

초미의 관심사는 한국은행이 가계부채 문제의 심각성을 어떻게 평가하느냐다. 이에 관한 내용을 발췌하면 이렇다.

"우리나라 가계의 가처분소득대비 부채 비율은 국제적으로 매우 높은 수준이지만 단기간 내 가계부채가 대규모 부실화될 가능성은 높지 않으며, 중장기적으로는 상당한 위험요인이 될 소지가 있다."

한국은행이 정부기관이라는 사실을 감안하더라도 지나치게 안이

하다는 생각을 떨칠 수 없다. 가계가 벌어들인 소득으로 부채를 상환하지 못할 때 부실이 발생한다. 그러므로 가계부채가 얼마나 위험한지를 평가하는 가장 유용한 지표로 '가처분소득대비 부채 비율'이 사용되는 것이다. 그 비율이 '국제적으로 매우 높은 수준'이라는 표현으로는 부족할 정도로 지나치게 높다. 2011년 말 이 비율은 156.5%로 서브프라임 버블이 터지기 직전 미국의 137.8%보다 훨씬 더 높았다.

그럼에도 불구하고 '단기간 내 가계부채가 대규모 부실화될 가능성은 높지 않은' 근거로 위 보고서는 원리금 상환부담률이 서브프라임 사태 직전의 미국과 비슷하다는 사실을 제시하고 있다.

소득보다 부채금액이 훨씬 더 많은데도 원리금 상환부담률이 비슷한 이유는 무엇일까? 두 가지 이유 때문이다. 가계대출의 약 80%가 원금은 상환하지 않고 이자만 내는 구조라는 점과 대출금리가 당시 미국의 금리보다 훨씬 더 낮다는 것이 그 이유다. 2007년 말 미국의 정책금리는 5.25%였는데, 지금 한국의 정책금리는 3.25%다. 그래서 빚이 훨씬 더 많음에도 아직 한국의 가계들이 버티고 있는 것이다.

그러나 이런 상황은 오래갈 수 없는 지극히 비정상적인 상황이다. 금융기관이 돈을 빌려주고 원금을 받지 않는 것도 그렇거니와 3.25%라는 금리수준 역시 최악의 경제위기 상황에서 취해진 극약처방이기 때문이다. 이들은 조만간 정상화되어야 하고, 그렇지 않으면 더 큰 부작용들을 필연적으로 야기할 것이다.

이 보고서가 '중장기적으로는 상당한 위험요인'이라고 지적한 문제점들을 들여다보면 심각한 사실을 발견할 수 있다. 보고서는 "2010년대 중반 이후 주택가격이 하락세로 돌아설 가능성이 있는데,

그럴 경우 경제위기로 비화할 가능성이 있다"고 경고한다.

특히 9억 원 초과 주택을 담보로 차입한 가계의 절반이 차입규모가 연소득의 6배를 상회하므로, 주택가격 하락이 현실화되면 대거 부실화로 이어질 위험이 있다는 경고가 뒤따른다. 9억 원을 초과하는 대출을 받은 가계들은 고소득계층일 것이다. 그들의 대출 상환능력이 더 취약하다는 지적이다. 일부 연구기관들은 "가계대출의 상당 부분을 상환능력이 큰 고소득층이 부담하고 있기 때문에 부실위험이 크지 않다"고 주장해 왔는데, 그 주장이 근거가 없음을 보고서가 밝히고 있다.

보고서 내용 중 가장 심각한 사실은 2010년대 중반 이후에 발생할 것이라던 주택가격 하락이 올 초부터 발생하고 있다는 점이다. 특히 고가주택의 하락세는 더 가파르다. 아파트 가격이 오르지 못할 것이라는 믿음이 확산되고, 과다한 대출 부담을 더 이상 견디지 못한 가계들이 증가하기 때문에 나타나는 현상이다. 금융기관의 경매신청도 급격히 늘고 있다. 시간이 지날수록 하락추세가 가팔라질 가능성이 높다.

보고서가 중장기 위험요인으로 경고한 일들이 지금 벌어지고 있다. 보고서의 전망대로라면 경제위기로 비화되는 것도 시간문제일 것이다. 위기에 대처할 시간이 그리 많지 않다는 것이 이 보고서에서 얻을 교훈이다.

2012. 4. 30, 내일신문

스페인 위기가
시사하는 점

스페인 정부가 그리스, 아일랜드, 포르투갈에 이어 EU 국가 중 네 번째로 구제금융을 신청할 것이라고 발표했다. 지난 7일 국제신용평가사인 피치가 스페인의 신용등급을 BBB로 3단계나 강등한 지 이틀 만이다.

흥미로운 사실은 스페인은 국가부채가 상대적으로 적은데도 국가부도의 벼랑 끝으로 내몰리고 있다는 점이다. 스페인의 정부부채는 2011년 말 현재 GDP의 68%로 그리스의 165%는 물론 이탈리아의 120%와 비교해도 절반밖에 되지 않는다. 국가신용도가 가장 높은 프랑스의 86%와 독일의 81%보다도 오히려 낮다.

국가부채가 가장 적은 스페인이 왜 다른 국가들보다 먼저 위기상황으로 치닫고 있을까? 그 이유는 부동산 거품에 있다. 스페인은 1995년 이후 2009년 초까지 13년간 주택가격이 3배 이상 급등했다. 아일랜드를 제외하고는 유럽에서 부동산 거품이 가장 크게 형성됐다.

다른 국가들과 마찬가지로 스페인의 부동산 거품을 떠받친 것은 대출이었다. 개인과 기업들이 대출을 받아 부동산에 투자했고 부동산가격은 천정부지로 치솟았다. 부풀었던 거품이 터지자 주택을 비롯한 부동산가격이 급락했고 은행의 부실채권은 급증했다. 2008년 최고점을 찍었던 주택가격이 올해 1분기까지 20% 이상 하락했고, 그 결과 스페인 3대 은행인 방키아가 190억 유로의 공적자금을 수혈받기에 이르렀다. 부동산 거품붕괴가 은행의 부실채권을 거쳐 국가부채로 귀결된 것이다.

향후 은행의 부실채권이 눈덩이처럼 불어날 것이므로 은행에 공적자금을 투입할 정부의 부채 역시 급증할 것이다. 피치는 "스페인 은행들에 1,000억 유로의 자본확충이 필요할 수 있다"고 말했다.

유럽에서 부동산 거품이 가장 컸던 아일랜드 사례는 부동산 거품이 얼마나 무서운지 뼈저리게 느끼게 한다. 아일랜드의 국가부채는 2007년 말 GDP의 25%로 유럽에서 가장 안전한 국가였다. 그런데 부동산 거품이 붕괴해 은행의 부실채권이 급증하자 정부는 공적자금을 쏟아부었고, 그 결과 국가부채비율은 2011년 말에 108%까지 급증했다. 국가부채비율이 120%인 이탈리아가 아직 구제금융을 신청하지 않고 버틸 수 있는 이유는 스페인과 달리 부동산 거품이 없었기 때문이다.

한국은 어떤가? 지난 5월 24일 OECD가 발표한 「경제전망 보고서」는 한국의 부동산 거품이 스페인보다 더 심각하다는 사실을 분명하게 말해준다. 부동산 거품이 은행대출의 부실화를 초래할 가능성을 보여주는 가장 중요한 지표인 가처분소득대비 가계부채 비율을 보

자. 2011년 9월 말 이 비율이 스페인은 140.5%로 부동산 거품이 없었던 이탈리아의 80%보다 훨씬 높았다. 한국은 154.9%로 스페인보다 더 심각하다.

지난 5월 31일 기획재정부는 국가부채가 774조 원이라고 수정 발표했다. 기존에 발표했던 국가부채 403조 원보다 무려 370조 원이나 급증한 것이다. 국가부채비율이 GDP의 63%로 스페인과 유사한 수준이다. LH공사 등 공공기관의 부채를 더한다면 이 비율은 훨씬 더 높을 것이다. 그리고 부동산 거품의 위험도는 스페인보다 더 높다.

오래전부터 국제기구들과 경제 전문가들이 수도 없이 우려와 경고를 동시에 보냈던 가계부채 문제에 정부가 코웃음을 친 결과다. 경제 주체들의 현명한 대처가 어느 때보다 중요한 시점이다.

2012. 6. 11. 내일신문

'제2의 스페인'이 되지
않으려면

∙
∙
∙

　스페인의 국채금리가 2012년 6월 18일 7.22%로 급등했다. 국채금리 7%는 전면적인 구제금융 신청을 가늠하는 마지노선이라는 게 금융시장의 판단이다. 스페인이 그리스, 아일랜드, 포르투갈의 전철을 차근차근 밟아 나가는 모습이다.

　국내 언론은 그것이 남의 일만은 아니라고 한목소리로 말한다. 한국이 '제2의 스페인'이 될 것을 우려하는 목소리는 점점 커지고 있다. 한국의 부동산 거품은 스페인보다 더 크고, 가계의 대출 상환능력은 오히려 스페인보다 더 열악하다는 것이 우려의 근거다.

　한국이 스페인의 길을 뒤따를 것이 우려된다면 지금 당장 무언가 대책을 세우고 실행해야 한다. 그런데 이런 목소리는 들리지 않는다. 부동산 거품을 막기는커녕 미국, 스페인, 포르투갈 등 위기에 직면한 국가들이 가계부채를 줄여가는 동안에도 MB정부는 오히려 위험을 더 키웠으니, 이제 와서 손쓸 방도는 전혀 없을까?

스페인의 교훈을 다시 상기해보자. 문제의 발단은 부동산 거품이었고 그것을 부채질한 것은 은행의 대출이었다. 여기까지는 한국도 똑같은 길을 밟아왔다. 미국의 서브프라임 사태가 걸었던 길이기도 하다.

그러나 부동산 거품이 붕괴한다고 해서 모든 국가가 다 부도를 맞는 것은 아니다. 국가가 부도라는 벼랑 끝으로 몰리는 이유는 은행을 살리기 위해서 공적자금을 투입하기 때문이다. 거품이 클수록 은행의 부실채권이 커지고 결국 국가재정의 부담으로 귀결되는 것이 경제 논리다. 그 악순환의 고리를 끊을 방법은 없을까? 있다. 위기가 코앞에 닥치기 전에 미리 은행의 자본을 충분히 확충해놓는 것이다.

부동산 거품이 터지면 은행의 부실채권은 얼마나 되고, 또 정부가 쏟아부어야 할 구제금융은 얼마나 될까? 아직은 아무도 답을 모른다. 그러나 스페인과 미국의 예에서 보듯이 실제 부담액은 애초 예상보다 열 배 이상 증가하곤 했다. 구제금융 신청 불과 한 달 전인 5월 11일 스페인 정부는 은행부실 해소를 위해 300억 유로면 충분하다고 발표했다. 지금 시장에서는 1,500억 유로를 초과할 것이라고 입을 모은다. 스코틀랜드왕립은행은 2,500억 유로를 말했다. 확실한 것은 미리 조달할 자본확충 규모가 클수록 좋다는 사실이다. 그 규모가 클수록 국가부도에서 멀어지고, 국민의 피 같은 세금을 덜 쏟아부어도 되기 때문이다.

다행스러운 점은 금융시장에 돈이 넘치고 있고, 주식시장은 은행의 부실을 아직은 심각하게 받아들이지 않고 있다는 사실이다. 그러므로 주식시장을 통해 은행의 자본을 확충하는 일은 별로 어렵지 않다. 정부의 결단이 늦지만 않다면 말이다.

정부와 은행권은 걱정하지 않아도 된다고 큰소리칠지 모른다. 이역시 스페인을 비롯한 국가부도에 직면한 정부들이 누누이 하던 소리였다. 문제의 기미가 보이면 그때 대처해도 된다고 무책임한 말을 할지도 모른다. 그러나 막상 위기가 닥치면 어느 멍청한 투자자가 은행증자에 참여하겠는가? 은행의 부실이 증가하기 전에 증자해야만 충분한 자본확충을 이룰 수 있다.

앞을 내다보고 미리 결단을 내리는 것은 국가 경제를 책임진 MB정부의 몫이다. 그러나 그들이 잘못 판단했을 때, 그 결과에 관한 책임은 모조리 국민이 져야 한다. 그것이 국가부도로까지 이어질 수도 있다.

부동산 거품이 굉음을 내며 붕괴하고 있다고 연일 신문과 방송이 보도하고 있다. 그것이 국가부도라는 최악의 상황으로 몰고 갈지는 또다시 MB정부와 은행권의 손에 달려 있다.

2012. 6. 25. 내일신문

하우스 푸어와
은행의 탐욕

"나는 하우스 푸어다."

2012년 6월《서울신문》과 잡코리아의 공동조사에서 자기 집을 소유한 사람의 무려 48.2%가 이렇게 대답했다고 한다. 집을 가진 사람은 집이 없는 사람보다 경제적으로 더 넉넉한 법인데, 그들의 절반이 대출 원리금 부담으로 고통받고 있다.

앞으로가 더 문제다. 같은 달 KB금융경영연구소의 조사로는 자가보유자의 64%가 "집을 팔고 싶다"고 했다. 향후 집값의 하락속도가더 빨라질 것임을 예고하는 수많은 지표 중 하나다.

이 모든 문제가 빚내서 무리하게 아파트에 투자한 결과다. 대출이얼마나 무서운지는 잠시만 계산해보면 금방 알 수 있다. 1억 원을 6%금리로 대출받았다면 이자만 매달 50만 원을 내야하고, 10년 분할상환할 때 매달 84만 원씩 원금을 갚아야 한다. 2억 원 대출을 받은경우라면 매달 268만 원을 갚아야 한다.

한국은행 통계에 의하면 2011년 노동자 가구의 월평균 소득은 420만 원이다. 세금과 4대 보험을 떼고 나면 가처분소득은 350만 원을 밑돌 것이다. 평균 소득인 사람이 2억 원의 대출을 받았다면 매달 원리금 상환을 위해 가처분소득의 77%를 지출해야 하니 정상적인 생활이 불가능하다. 그런데 지난 수년간 수도권에서 아파트를 구매하기 위해서는 2억 원의 대출로도 턱없이 부족했다.

2억 원을 대출하는 것도 부자가 아닌 사람에게는 지극히 버거운 부담이었는데, 왜 사람들은 겁 없이 2억 원이 넘는 대출을 받아 아파트를 샀을까? 아파트 가격이 올라 차익을 챙기겠다는 욕심 때문이었다며 모든 책임을 하우스 푸어에게만 전가해도 되는 것일까?

4년 전 미국에서 서브프라임 사태가 터졌을 때 전문가들은 그 주범으로 3가지를 지목했다. 미국 정부의 저금리정책과 은행의 탐욕 그리고 신금융기법이었다. 신금융기법이란 것도 알고 보니 은행의 탐욕을 충족시키려는 수단일 뿐이었다. 은행의 최고경영진들은 갚을 능력이 부족한 사람들에게 무차별적으로 대출을 해주었고, 그것으로도 부족해서 신금융기법이라는 허울 좋은 수법을 활용해서 대출을 한없이 늘렸다. 그리고 대출이자 수입이 증가하자 천문학적인 금액의 보너스를 챙겼다.

한국의 은행들은 미국과 다르다고 주장할 것이다. 무엇보다 노무현 정부 시절 도입한 DTI와 LTV를 잘 지켰으므로 미국과 같은 서브프라임 대출은 없었다고 항변할 것이다.

그러나 서브프라임 대출이 무엇인가? '갚을 능력보다 과다한 대출'이 바로 서브프라임 대출이다. 한국 가계의 평균 가처분소득이 350만

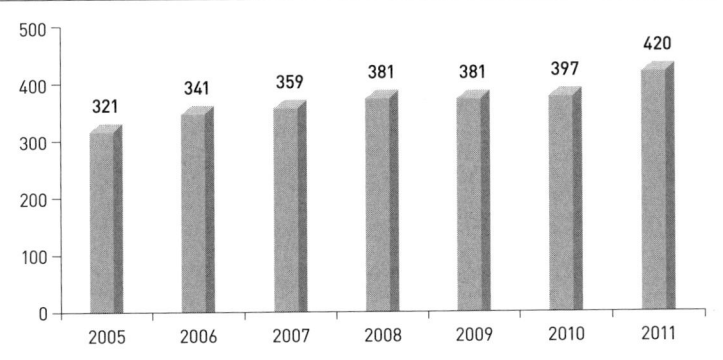

〈그림 5-4〉 노동자가구 월평균 소득　　　　　　　　　　　　단위: 만 원

자료: 한국은행

원을 밑도는데, 수많은 사람에게 2억 원 이상을 대출해줬으니 그 대출의 대부분이 서브프라임이 아니고 무엇이겠는가. 그런데도 '은행의 탐욕'이라는 비판에서 자유롭다고 목에 힘을 줄 수 있을까?

그뿐만이 아니다. 상환능력이 부족해 대출을 받을지 망설이는 사람들에게 대출원금은 받지 않고 이자만 받겠다면서 대출받기를 부추긴 것이 은행의 행태였음은 누구나 알고 있는 사실이다. 이것은 미국의 은행들보다 더 위험한 발상이었다. 사상 최저 수준의 금리로 이자 부담이 비정상적으로 낮은 상황이 무한정 계속될 것을 기대한 것도 크나큰 착각이었다.

은행들이 경쟁적으로 '대출 세일'에 나서고 그 결과 대출이자가 급등해 은행의 이익이 치솟자 경영진을 비롯한 간부급들은 상당한 성과상여금을 챙겼는데, 그것이 탐욕 때문이 아니었다고 항변할 수 있을까?

무리하고도 위험한 대출로 큰 이익을 챙긴 은행들이 고통받는 하우스 푸어들에게 어떤 도움의 손길을 내밀지 자못 궁금해진다. 그러나 막상 문제가 터지면 은행들이 하우스 푸어의 고통을 덜어주기는 커녕 제 앞가림도 못한다는 데 문제의 심각성이 있다.

한국이 차근차근 뒤를 밟고 있는 스페인의 경우를 보자. 부실채권이 급증한 은행을 살리기 위해 150조 원의 구제금융이 투입되었지만, 하우스 푸어에게는 한 푼의 지원도 못 하고 있다. 오히려 하우스 푸어가 된 국민이 향후 세금을 모아 은행을 구제하는 데 쓰인 150조 원을 갚아야 할 판이다. 4년 전 미국의 상황도 똑같았다. 무리한 대출로 파산에 직면한 은행들에 1,000조 원을 쏟아부으면서도 수천만 가구가 넘는 하우스 푸어들에게는 큰 도움을 주지 못했다.

이런 최악의 상황만은 피해야 한다. 다행인 점은 한국은 아직 서브프라임 사태나 스페인 사태처럼 최악의 상황이 오기 전이라는 사실이다. 은행의 주가는 높은 수준이고 주식시장에는 돈이 넘치고 있다. 정부와 은행이 마음만 먹으면 그 돈을 은행자본으로 끌어들이는 일은 그리 어렵지 않다.

은행의 자본이 충분하면 최악의 상황이 닥쳐도 국민의 세금을 은행구제에 쓰지 않고 하우스 푸어를 돕는 데 사용할 수 있다. 그러기 위해서는 정부의 결단이 너무 늦지 않아야 한다.

2012. 7. 9, 내일신문

은행 증자
서둘러야

:
:

2012년 7월 12일 한국은행이 갑작스레 기준금리를 인하했다. 금리 동결을 예상했던 대다수 시장참여자가 깜짝 놀랄 정도로 의외의 결정이었다. MB정부가 즐겨 쓰는 표현대로 '선제 조치'가 또 한 번 발동된 것이다.

물가가 급등해서 국민이 고통을 받을 때는 뒤늦게 금리를 찔끔 인상하는 '늦장 대응'으로 일관하더니, 금리 인하는 전문가들도 깜짝 놀랄 정도로 재빠르다. 그만큼 가계부채 문제가 심각하다는 방증이다. IMF를 비롯한 연구기관들이 한국의 금리가 적정 수준보다 낮다고 거듭 강조했는데도, 오히려 금리를 인하해야 할 정도로 가계부채 문제가 위험한 상황이다.

문제는 금리 인하가 가계부채 문제 해결에 도움이 되지 못한다는 점이다. 가계부채 문제란 가계가 갚을 능력에 비해 과다하게 빚을 졌기 때문에 생긴 문제다. 그러므로 문제의 해결은 빚을 줄이거나 갚을 능력을 키우는 데서 찾아야 한다.

금리 인하는 가계들이 빚을 내도록 유인하는 정책이므로 해결책이 아니라 문제를 확대하는 정책이다. 더구나 물가에도 악영향을 미친다. 물가가 오르면 실질소득이 감소하므로 가계의 대출 상환능력은 더 악화된다.

그런데도 금리를 낮추었으니 부동산 버블 붕괴와 그에 따른 가계부채 문제의 폭발이 한동안 늦춰질 것으로 생각하는 분위기가 확산되는 듯하다. 한동안 떠들썩했던 '한국의 제2 스페인화'에 대한 우려의 목소리가 요즘 잠잠해진 것도 그런 분위기와 무관하지 않은 것 같다. 스페인은 은행의 부실이 눈덩이처럼 불어나서 결국 국가부도나 다름없는 구제금융 신청이 기정사실화 됐는데, 국내언론이 잠잠한 것은 참 이상한 일이다.

위기의 근원인 부동산 시장은 거품의 붕괴가 속도를 더해가고 있다. 다급해진 MB정부는 거품 파열의 속도를 늦추어서 곧 있을 대선에 미칠 영향을 줄여보겠다고 안간힘을 쓰지만, 그것마저 역부족이란 것은 누구의 눈에도 뚜렷이 읽힌다.

상황이 이처럼 위급한데 국내언론은 하우스 푸어에 대해서만 목소리를 높일 뿐, 은행부실이 국가부도로까지 이어질 위험에 대해서는 입을 다물고 있다. 오히려 "부동산 거품의 붕괴가 은행의 부실로 이어질 가능성은 낮다"는 일부 조심스러운 낙관론이 득세하는 분위기마저 감지된다. 그 근거로 '고소득자의 대출비중이 높다'거나 '담보인정비율이 낮다'는 사실들을 내세우지만 이는 그다지 믿을 만하지 않다.

2012년 8월 1일 한국은행이 63개 금융기관의 경영전략 및 리스크 담당 부서장을 대상으로 면담 조사한 결과를 발표했다. 이들은 가계부채 문제에 대해 전문가라 할 수 있는 사람들이다. 조사 대상자의 53%가 "1~3년 사이에 시스템적 리스크가 발생할 가능성이 높다"고 전망했다.

시스템적 리스크라는 어려운 용어를 사용했지만, 쉽게 말하면 금융기관의 부실이 너무 커져 더 이상 대출을 할 수 없을 지경에 이르는 상황을 말한다. 그런 상황이 닥치면 정부가 은행에 세금을 투입해야 하고 국가재정은 부실해진다. 지난 몇 달 동안 스페인에서 벌어진 일이 1~3년 이내에 한국에서 일어날 것이라는 이야기다. 조사 대상자들은 시스템적 리스크를 야기할 원인에 대해 가계부채와 부동산 침체를 지목했다.

부동산 시장을 들여다보면 이마저도 낙관적인 시각임을 쉽게 알아챌 수 있다. 시스템적 위기가 1~3년 이내가 아니라 더 빠른 시기 내에 닥칠 수 있을 정도로 부동산 거품의 붕괴속도가 빨라지고 있기 때문이다. 한국은행도 그런 위험성이 높다고 판단했기 때문에 전격 금리인하 조처를 한 것이다.

지금 정부가 해야 할 일은 그다음을 미리 대비하는 것이다. 그리고 그것을 위해 쓸 수 있는 카드는 딱 하나뿐이다. 아직 거품이 꺼지지 않은 주식시장을 통해 은행의 자본을 미리 확충해두는 일이 그것이다.

김광수경제연구소가 분석해 발표한 자료에 의하면 스페인의 가계와 기업의 부채 규모는 GDP의 214%로 한국의 191%보다 약간 높다. 리스크의 크기만 보면 한국이 스페인보다 약간 작은 정도다. 그러나 이보다 더 중요한 가계의 부채 상환능력은 한국이 훨씬 더 위험하다. 스페인의 가처분소득대비 가계부채 비율이 140%로 한국의 154%보다 훨씬 낮기 때문이다.

스페인 은행들이 부실채권으로 입을 손실액은 1,000억 유로를 넘을 것이 확실하다. 원화로 환산하면 150조 원이 넘는다. 상황이 악화되면 한국에서도 이 정도 규모의 은행부실이 발생할 수 있다는 이야기다.

금융감독원의 통계를 보면 2010년 말 현재 7개 시중은행과 6개 지방은행 및 5개 특수은행을 모두 합한 18개 은행의 자기자본 총계는 130조 원이다. 만약 스페인과 같은 상황이 벌어진다면 한국의 은행들은 자본이 모두 바닥날 것이라는 결론에 이른다.

이런 상황이 가시화되어 투자자들이 은행 주식을 마구 던지기 시작하면 마지막 남은 카드마저 효력이 상실한다. 근거 없는 낙관론에 기대 시간을 허비하지 말고 신속하게 대비책을 마련하는 것이 중요한 이유다.

2012. 7. 23·8. 6, 내일신문

가계부채 문제,
탈출구는 없는가?

"한국 경제가 직면한 최대 위험요인이 무엇인가?"라고 묻는다면 대부분의 경제 전문가들은 서슴없이 "가계부채 문제"라고 대답할 것이다. 가계부채 문제의 원인은 가계가 상환능력보다 과다하게 대출을 받아 부동산에 투자했기 때문이다. 부동산 버블이 꺼지고 대출을 상환하지 못하는 가계가 급증하면, 금융기관이 파산 지경에 이르고 결국 국가재정이 투입된다. 그러므로 부동산 버블 붕괴와 가계부채 문제는 동전의 양면과 같다.

한국의 부동산 버블 붕괴는 날이 갈수록 가속도가 붙고 있다. 무리하게 대출을 받아 아파트에 투자한 가계들은 줄줄이 하우스 푸어로 전락하고 있고, 상환능력이 부족한 가계에 무리하게 대출을 해준 은행들은 부실채권이 눈덩이처럼 불어날 위기에 처해 있다.

정부는 가계부채 연착륙 방안을 찾는다고 부산을 떨지만, 연착륙을 논하기엔 시기를 놓쳐도 한참 전에 놓쳤다. 2009년부터 금리를 인상해서 가계대출의 증가속도를 늦추라는 국내외 전문가들의 권고를 MB정부는 모조리 묵살하고 대출을 늘려 부동산 버블 유지에만 온 힘을 쏟았으니, 이제 와서 연착륙 운운하는 것은 소 잃고 외양간 고치기다.

최근 이런저런 방안들이 가계부채 문제의 해결책으로 제시되고 있다. 그러나 속을 들여다보면 가계의 대출부담을 줄이는 것이 아니라, 은행의 부실이 표면화되는 것을 늦추는 데 초점을 맞춘 '꼼수'임을 알 수 있다.

가계부채 문제를 근본적으로 해결하는 방법은 두 가지다. 하나는 가계의 대출부담을 줄여주는 것이고, 다른 하나는 가계의 소득을 늘려 상환능력을 키우는 것이다. 최근 활발히 논의되고 있는 '세일 앤드 리스백Sale and Lease Back(매각 후 재임대)'이나 '트러스트 앤드 리스백 Trust and Lease Back(신탁 후 재임대)'도 가계의 대출부담을 줄이는 쪽으로 실행되어야만 문제 해결에 도움이 된다. 가령 은행들이 대출 시 담보 산정의 기준으로 삼고 있는 'KB아파트시세'로 아파트를 사준다면, 가계의 대출부담이 조금이라도 줄어들 것이다. 더구나 거래가 실종되어 팔고 싶어도 팔지 못하는 가계들에 유동성을 공급하는 역할도 할 것이다. 상환능력에 맞게 대출을 해야 하는 금융의 기본을 무시하고 과다한 대출로 가계부채 문제를 일으킨 은행이 일부 책임을 지는 것은 당연한 일이기도 하다.

은행이 손실을 부담할 경우, 향후 은행이 부실해지면 국가재정이 투입되어야 하므로 결국 국가부담으로 귀결되는 것 아니냐는 우려가 제기될 수 있다. 미국이나 스페인 등 부동산 버블 붕괴로 가계부채 문제가 폭발한 국가들 모두 종국에는 은행부실을 메우기 위해 국가재정을 투입했던 사실을 보면 이런 우려는 당연하다.

그런데 미래에 발생할 은행부실 문제는 지금 당장 손을 쓴다면 대비할 방도가 있다. 주식시장에서 은행의 증자를 통해 자본을 크게 확충해두면 향후 은행부실이 발생해도 국가재정 투입을 줄일 수 있기 때문이다. 다행스럽게도 외국의 투기자금이 물밀듯 밀려드는 중이다. 미연방준비은행이 '3차 양적 완화'를 발표한 9월 13일 이후 엿새 동안에만 국내 주식시장으로 2조 3,000억 원이 밀려들었다. 이때야말로 은행증자에 더없이 좋은 기회다.

가계부채 문제의 충격을 줄이는 두 번째 방법인 가계소득 증가를 위해서는 어떤 해결책이 있을까? MB정부의 무리한 고환율정책을 폐기하는 것이 가장 효과가 크다. 만약 환율이 2007년 말의 936원으로 돌아간다면 4인 가족 한 가구당 1년에 약 450만 원의 소득이 증가한다.

또 다른 방법은 전체 가구 소득의 70%를 차지하는 임금소득을 늘리는 것이다. 문제는 대다수 노동자에게 임금을 주는 중소기업의 경영 상황이 그럴 형편이 되지 않는다는 점이다. 수출 대기업들의 이익은 사상 최대를 갱신 중인데, 중소기업은 그렇지 못하기 때문이다. 만약 수출 대기업의 엄청난 이익이 납품기업인 중소기업들에 골고루 나누어진다면, 중소기업 근로자의 임금이 오르고 그에 따라 가계의 상환능력이 높아질 것이다.

물론 위에서 제시한 어느 방법도 모두 부작용은 있다. 무엇보다 그 방법을 실행하면 손해를 보는 쪽이 반드시 있게 마련인데, 그들의 저항이 만만치 않을 것이다. 그러나 가계부채 문제가 결국 미국의 서브프라임 사태나 스페인의 국가부도 위기와 같은 양상으로 치달을 것이라는 위기의식이 있다면 그리고 손해를 보는 쪽이 그동안 이익을 누렸던 수혜자들이라면, 어느 정도의 부작용은 감수하고라도 극단적인 상황은 피해야 하는 결단을 내려야 할 것이다.

2012. 9. 28. 내일신문

가계부채의 충격 완화를 위한 경제정책은?

2013년 출범할 새 정부의 가장 큰 과제는 두말할 것도 없이 가계부채 문제다. 개인이든 기업이든 아니면 국가든 빚내서 투자하고 지출하는 것은 언젠가는 파국을 맞는 것이 세상 이치다. 그리고 그 파국이 눈앞으로 다가왔다.

부동산 버블이 붕괴하면 은행에 부실채권이 쌓이고, 결국 정부 재정이 은행에 투입된다. 초미의 관심사는 정부의 재정이 금융기관의 부실을 메울 정도로 충분한지에 있다. 그렇지 못하다면 국가부도라는 극단적 상황으로 치달을 것이기 때문이다.

가장 최근 금융위기와 국가부도 위기를 겪고 있는 스페인의 상황을 보면 한국에 시사하는 바가 크다. 스페인의 집값이 30% 하락하자 은행부실 규모가 1,000억 유로로 급증했다. 원화로 환산하면 150조 원에 달한다. 만약 이 정도의 부실채권이 한국에도 발생한다면 은행들이 견딜 수 있을까? 2010년 말 현재 7개 시중은행과 6개 지방은행 및 5개 특수은행 등 18개 은행의 자기자본을 모두 합하면 130조 원이다. 스페인과 같은 상황이 벌어지면 한국 은행들의 자본은 바닥날 것이라는 결론에 이른다.

다가올 파국을 슬기롭게 헤쳐나가야 할 몫은 새 정부의 책임으로 지워졌다. 어떻게 대처해야 국민의 고통을 조금이라도 줄일 수 있을까? 혹시 우리보다 먼저 파국을 맞은 국가들의 해결책에서 교훈을 얻을 수는 없을까? 2008년 말 미국을 덮쳤던 서브프라임 핵폭탄 역시 가계부채 문제가 폭발한 결과였다. 부시 정부가 키운 문제를 떠안은 오바마 정부의 대응은 첫 단추부터 잘못 끼웠다는 것이 전문가들의 공통된 견해다. 2012년 국가부도 위기에 몰린 스페인 역시 근본은 가계부채 문제였다. 스페인 역시 국가부도라는 최악의 상황을 벗어나기 위해 몸부림치는 중이다.

위기를 해결하는 방법은 세 가지다. 아파트 가격이 오르면 위기는 오지 않는다. MB정부가 5년 내내 추구했던 해결책이 그것이었다. 그러나 가계부채를 더 늘려 부동산가격을 부양함으로써 가계부채 문제를 해결하겠다는 발상은 처음부터 잘못된 정책이었다. 당분간 위기를 지연시킬 수는 있을지 몰라도 언젠가는 위기가 올 수밖에 없고, 그때의 충격은 이전보다 몇 배 더 커질 것이 분명하기 때문이다.

또 다른 해결책은 가계의 부채를 다른 누가 떠안아주는 방법이다. 누가 떠안아 줄 수 있을까? 가계부채 문제의 원인을 제공한 다른 한쪽인 은행에 책임을 일부 물을 수 있다. 상환능력을 따져서 대출을 해주는 것은 금융의 기본이다. 그 기본을 무시하고 혹은 잘못 판단해서 과다하게 대출을 했으니 그 결과에 관해 일부 책임을 지는 것은 마땅한 일이다. 더구나 대출 급증으로 이자수익 또한 급증했고 그 결과 은행의 경영진과 간부들은 두둑한 성과상여금을 매년 챙겼을 것이니, 대출자의 고통을 분담하는 것이 마땅하다.

최근 은행들 사이에서 활발히 논의되고 있는 세일 앤드 리스백이나 트러스트 앤드 리스백은 꼼수일 뿐, 근본 해결책이 아니다. 은행의 부실채권을 장부에서 숨기는 분식회계에는 효과가 크겠지만, 대출자의 부담은 전혀 줄이지 못하기 때문이다. 가계의 대출부담을 어떤 식으로든지 줄여주어야 가계부채의 폭발력이 줄어들고 실제 효과를 볼 수 있다. 가령 두 방안의 핵심은 은행이 대출자로부터 어떤 가격에 아파트를 매입하느냐이다. 만약 은행이 대출금액을 결정할 때 담보가치 산정의 기준으로 삼는 'KB아파트시세'를 매입가격으로 한다면, 대출자의 대출부담을 경감하면서 동시에 아파트 거래 부족을 해결하는 데도 도움이 될 것이다.

금융위기가 발생한 이후 미국의 은행들이 저소득층에게 대출이자를 감면해줌으로써 대출 상환을 포기하지 않도록 했던 것도 한 가지 방법이 될 수 있다.

은행이 가계대출의 부담을 떠안는데 여러 반론이 제기될 수 있다. 그중 하나가 아파트 버블이 꺼진 후 은행의 부실을 메우기 위해 정부가 재정을 투입해야 하는데, 은행이 떠안은 부담이 결국 재정부담으로 귀결된다는 지적이다. 맞는 말이다. 그러나 그것은 신속하게 조처를 한다면 해결할 방법이 있다. 은행이 지금 당장 주식시장에서 증자를 통해 자본을 확충하는 것이다. 지금 한국이 스페인보다 유리한 점이 바로 아직 위기가 닥치지 않았다는 점이므로 이것을 활용하는 것이다. 더구나 주식시장에 외국자금이 쏟아져 들어오고 있으므로 은행들이 몇십조 원의 증자를 통해 자본을 확충하면 위기가 왔을 때 정부재정 투입이 그만큼 감소할 것이다.

물론 이 방법에도 문제는 있다. 은행증자는 필연적으로 은행주가의 폭락을 야기하므로 은행주주들의 손실을 피할 수 없다. KB국민은행의 66%, 신한은행의 60%를 점하는 외국인 주주들의 이탈도 예상된다. 그러나 가계부채 문제라는 극단적인 위기를 해결하는 데 손쉬운 방법은 없다는 사실을 되새긴다면, 이 정도의 문제는 감내할 수밖에 없다. 다음 정부는 어느 쪽이 한국 경제에 미치는 충격이 작을지를 판단해서 결단을 내려야 한다. 그래야만 국가부도라는 극단적인 상황을 피할 수 있다. 위기가 닥치면 그런 기회마저 모조리 박탈당한다는 점 역시 깊이 명심해야 한다.

가계부채 문제의 충격을 완화하는 세 번째 방법은 가계소득을 증가시켜 가계의 부채 상환능력을 키우는 것이다. 중국의 경우를 보면 실감할 수 있다. 지난 4년간 중국의 가계대출은 한국의 두 배 정도 급증했는데, 임금상승이 한국의 두 배를 훨씬 더 웃돌았기 때문에 가계의 대출 상환능력이 유지됐다.

가계소득을 증가시키는 방법은 PART 2에서 설명했듯이 고환율 정책을 즉각 폐기하고, 소수 대기업에 집중된 기업이익이 중소기업에 분배될 수 있는 정책을 펴는 것이다. 가계의 소득이 증가하면 가계부채 문제의 해결뿐만 아니라 가계소비가 증가해 내수가 살아나고, 또 주식과 부동산 등 자산가격도 상승한다. 가계소득의 증가야말로 일석삼조의 효과가 있으므로 정부의 경제정책 추진 시 가장 중요하게 고려해야 할 최고의 가치다.

エピローグ

누군가 손해를 감수해야
대다수의 고통이 줄어든다

정부의 정책이 성공이냐 실패냐에 대한 판단은 누구의 입장에서 보느냐에 따라 달라진다. 2008년 하반기 미국을 휩쓴 서브프라임 사태와 그에 뒤따른 금융위기에 대한 부시와 오바마 정부의 경제정책은 성공이었을까 실패였을까?

월스트리트의 대형 금융기관의 최고경영자들 입장에서 보면 대성공이었다. 은행가들이 전 재산을 날릴 뻔한 위기에서 벗어났고, 덤으로 수백억 달러의 보너스까지 챙겼으니 말이다. 그러나 미국 국민은 길거리로 내쫓겼고 수천만 명이 일자리를 잃었다. 국민의 입장에서 보면 참담한 실패였다.

MB정부 5년의 경제성적에 대한 평가도 미국과 다를 바 없다. 부자와 재벌들에게 수십조 원의 세금을 돌려주었고, 대형 건설사들을 파산의 위험에서 구출했다. 어디 그뿐인가? 고환율정책으로 279조 원이 국민의 주머니에서 빠져나가 수출 대기업의 금고 속으로 들어갔다. 이들이 매긴 MB정부의 경제성적표는 전 과목 A 학점으로 꽉 차 있을 것이다.

하지만 국민이 겪는 현실은 참담하다. 가장 중요한 가계소득을 보면 임금 노동자의 소득이 무려 17.7%나 감소했다. 자영업자의 소득 감소는 훨씬 더 심각하다. 물가는 OECD 국가 중 1, 2위를 다툴 정도로 높았다. 주식과 부동산이 그나마 다른 국가들보다 나았다고 위안 삼을지 모르지만, 부양책의 후유증과 국제투기자본의 투기판을 만들어준 대가를 앞으로 치러야 한다. 폭발 직전의 가계부채 문제에 대해서는 긴 설명이 필요치 않다. 더 무서운 사실은 MB정부의 잘못된 경제정책이 한국의 미래마저 망쳐놓았다는 점이다. 가계와 국가가 마구 빚을 냈으니 그 빚을 갚기 위해 가계는 오랫동안 허리띠를 졸라매야 하고, 다음 세대는 나랏빚을 갚아야 하는 부담을 떠안았다.

누구에게 다음 정권을 맡겨야 지금의 참담한 현실과 산적한 문제를 일거에 해결할 수 있을까? 대답은 간단하다. 국민 대다수에게 이익이 되는 경제정책을 펼 사람이어야 한다. 어느 경제정책을 어떻게 실행해야 국민 대다수에게 도움이 될지는 MB정부의 경제정책을 반면교사로 삼으면 된다. MB정부와 정반대의 경제정책을 펴면 그 결과 역시 정반대로 나타날 것이기 때문이다.

MB정부의 경제정책들이 초래한 경제적 효과들을 분석해보면 한 가지 분명한 진리를 깨달을 수 있다. 바로 '경제에 공짜 점심은 없다'는 평범한 진리다. 다음 정부에서도 이 진리는 절대 변하지 않을 것이다. 어느 경제정책이든 어느 한 쪽에 이익이 되면 다른 쪽에는 손해를 끼치기 마련이다. 그러므로 서민을 위한 경제정책이라면 그리고 앞으로 닥칠 경제위기에서 서민의 고통을 덜어주겠다는 지도자라면, 다른 경제 주체에 손해가 갈 것을 각오해야 한다. 그런 각오 없이 "서민을 위한 경제정책을 실천하겠다"고 말하는 것은 허공에 흩어질 허튼 약속일 뿐이다.

지금 한국이 직면한 문제의 심각성은 경제 전문가라는 사람들이 쉽게 말하는 연착륙 방안으로는 해결할 수 없을 정도다. 위기가 극단적인 만큼 해결책도 극단적일 수밖에 없다. 누군가는 손해를 감수해야만 대다수의 고통을 줄일 수 있다. 더구나 그 손해를 보는 쪽이 지난 5년간 혜택을 본 사람들이므로 저항은 더 극심할 것이다. 다음 정권은 그런 저항에 굴하지 않고 경제정책을 추진할 사람이 되어야 한다. MB정부 5년간 혜택을 입은 계층으로부터 큰 욕을 먹을 지도자라면 가장 훌륭한 선택이 될 수도 있다.

KI신서 4518

거짓 성장론의 종말

1판 1쇄 인쇄 2012년 11월 23일
1판 1쇄 발행 2012년 11월 30일

지은이 송기균
펴낸이 김영곤 **펴낸곳** (주)북이십일 21세기북스
부사장 임병주
출판사업부문총괄본부장 주명석 **MC기획1실장** 김성수 **BC기획팀장** 심지혜
책임편집 조유진 **디자인 표지** 씨디자인 **본문** 네오북
마케팅영업본부장 최창규 **마케팅** 김현섭 강서영 최혜령 김다영 이은혜 **영업** 이경희 정병철 정경원
출판등록 2000년 5월 6일 제10-1965호
주소 (우413-120) 경기도 파주시 회동길 201(문발동)
대표전화 031-955-2100 **팩스** 031-955-2151
이메일 book21@book21.co.kr **홈페이지** www.book21.com
21세기북스 트위터 @21cbook **블로그** b.book21.com

ISBN 978-89-509-4475-9 03320
책값은 뒤표지에 있습니다.